www.tredition.de

Cathrin Baasner

Meine
Kraftquelle

—

das heilsame
Schreiben
in der Natur

Gedanken
am Meer und am
Fluss

Innensichten

www.tredition.de

© 2021 Cathrin Baasner

Lektorat und Korrektorat: Franziska Hülshoff
Cover und Illustrationen: Carla Wirths

Verlag und Druck:
tredition GmbH, Halenreie 40-44, 22359 Hamburg

ISBN
Paperback: 978-3-347-39572-5
Hardcover: 978-3-347-39573-2
e-Book: 978-3-347-39960-0

Bibliografische Information der Deutschen Nationalbibliothek: Die Deutsche Nationalbibliothek verzeichnet diese Publikation in der Deutschen Nationalbibliografie; detaillierte bibliografische Daten sind im Internet über http://dnb.d-nb.de abrufbar.

Eine Einladung zum achtsamen
Schreiben in der Natur

**„Das Leben in der Natur gibt die Wahrheit
der Dinge zu erkennen."**
(Albrecht Dürer)

Für Frank,
der immer zu mir hält
trotz meiner Zweifel,
der meine Liebe zur Natur wiedererweckte,
dessen Liebe mich trägt.

Inhalt

Einleitung

Ich freue mich sehr, dass du dieses Buch in den Händen hältst. Es ist so schön, dass ich dein Interesse wecke.

Mit Hilfe dieses Buches möchte ich dich ermutigen, in die Natur zu gehen, dich von ihr berühren zu lassen, zu schauen, was sie in dir auslöst, und dein Erleben schriftlich mit Worten auszudrücken.

Für mich ist das Schreiben in der Natur mein heilsamstes Werkzeug. Ich wünsche mir, dass meine Kraftquelle auch eine Kraftquelle für dich sein kann.

Dieses Buch ist für dich geschrieben,

- wenn du das Schreiben in der Natur für dich entdecken möchtest.
- wenn du die Wirkung der Natur und ihre heilsame Kraft während des Schreibens erfahren möchtest.
- wenn du bereits durch das Lesen dieses Buchs spüren möchtest, wie die Natur hilft, neue Ideen und Lösungen für dein Leben zu finden.
- wenn du, so wie ich, psychische Herausforderungen zu bewältigen hast.
- wenn du nach Anregungen suchst, um neue Gedanken zu denken oder das Leben aus anderen Perspektiven betrachten möchtest.

- wenn du Mut und Kraft benötigst, deinen persönlichen Weg zur Heilung zu gehen.

- wenn du an Persönlichkeitsentwicklung interessiert bist und nach kurzen und zusammenfassenden Erklärungen zu verschiedenen Themen und Übungen suchst.

Jedes Schreiben in der Natur lässt dich mit dir in Kontakt kommen.

Jedes Schreiben in der Natur führt zu einer Begegnung mit dir selbst, und sei es zunächst nur eine Annäherung.

Jedes Schreiben in der Natur bringt dir ein kleines Stückchen Heilung für deinen Weg.

Schön, dass mein Buch dich dabei begleiten darf.

Wie du dieses Buch benutzen kannst

Die Nutzung dieses Buchs bleibt natürlich letztlich dir überlassen.

Du kannst dieses Buch chronologisch durchlesen.

Genauso ist es möglich, einen Natureintrag gezielt im Inhaltsverzeichnis auszusuchen, der dich gerade anspricht, vielleicht weil es ein Thema ist, mit dem du dich gerade selbst beschäftigst.

Eine andere Idee ist, das Buch einfach blind aufzuschlagen, mit dem Wunsch, dass dein aktuelles Thema von selbst zu dir kommt.

In jedem Fall empfehle ich dir, die einleitenden Seiten zum Schreiben in der Natur vor den Natureinträgen zu lesen, um das Schreiben in der Natur leichter für dich selbst entdecken zu können.

Es macht auch Sinn, den Abschnitt „Über mich und wie ich zum Schreiben in der Natur kam" oder „Die Autorin in Kürze" vorher zu lesen, damit du verstehst, aus welcher Lebenssituation heraus ich schreibe.

Wenn du magst, gönne dir nach dem Lesen eines Natureintrags eine kleine Pause, denn jeder Text ist in sich geschlossen. Nimm dir gerne Zeit, um ihn auf dich wirken zu lassen.

Über mich und wie ich zum Schreiben in der Natur kam

An dieser Stelle möchte ich ein paar äußere Fakten über mich erzählen. Ich denke, dass sie zu einem besseren Verständnis meiner gedanklichen Texte, meiner Natureinträge, beitragen können.

1964 wurde ich geboren. Ich wuchs behütet auf, was mich jedoch mit vielen Ängsten ausstattete. Unbewusste Manipulation, Kontrollzwänge, Leistungsorientiertheit und dominierendes Verhalten seitens meiner Eltern prägten mich. Ich wurde zu einem verantwortungsbewussten, doch stillen Kind, das sich jahrelang nicht traute, Fragen zu stellen. In den Augen anderer war ich ein liebes Kind, da ich mich allem fügte, um geliebt zu werden. Eine eigene Meinung fand keinen Respekt. Ich spürte früh, dass etwas mit mir und meinem Umfeld nicht in Ordnung war. Doch hatte ich gelernt zu funktionieren. Auch im Erwachsenenalter war ich mir selbst nicht wichtig genug, um mein Augenmerk auf meine Bedürfnisse zu legen, bzw. überhaupt zu merken, dass diese nicht erfüllt wurden. Eine wirkliche Veränderung wurde erst in Gang gesetzt, als ich 2011 an einer schweren Depression erkrankte.

Einen ersten Zugang zum Schreiben fand ich in der frühen Pubertät, wann immer ich mit mir nichts anzufangen wusste oder meine Schwärmereien für Jungen nicht das von mir erhoffte Glück fanden. Später schrieb ich hauptsächlich in Tagebücher, wenn mich

Schicksalsschläge ereilten, ich mich in depressiven Stimmungen befand oder ich nach dem Sinn des Lebens suchte.

Aus erster Ehe bin ich Mutter dreier erwachsener Kinder (zwei Jungen und ein Mädchen), die mein Leben bereicherten und bereichern. Ich bin sehr dankbar, dass ich Mutter werden durfte. Gleichzeitig tat ich mich häufig schwer mit meinen mütterlichen Gefühlen, sodass meine Kinder zu meinen Lehrmeistern wurden. Vieles in meiner persönlichen Entwicklung wurde durch die Kinder angestoßen. Was die Bindung zu ihnen betrifft, lerne ich heute noch dazu.

Ich habe 28 Jahre als Grundschullehrerin gearbeitet. Diesen Beruf musste ich aus gesundheitlichen Gründen 2019 aufgeben und wurde mit 55 Jahren frühpensioniert.

Heute lebe ich mit meinem jetzigen Mann Frank in Hattingen am Rande des Ruhrgebiets. Meine Kinder sind bereits ausgezogen und ich kann die gewonnene Zeit mir und meinem Schreiben widmen.

Wie zuvor erwähnt, brach vor circa zehn Jahren mein selbst aufgebautes, labiles Kartenhaus mit einer schweren Depression zusammen. Ein erster Klinikaufenthalt folgte. In den folgenden Jahren häuften sich depressive Episoden und eine weitere Diagnose gesellte sich 2019 hinzu: die der komplexen posttraumatischen Belastungsstörung (kptbs), die auch als Entwicklungstrauma oder Bindungstrauma bezeichnet wird.

Für mich ist heute klar, dass meine depressiven Episoden eine Folge der frühkindlichen Belastungsstörung sind.

Nach langjähriger Therapie und einem zweiten Klinikaufenthalt 2019, suchte ich weiter nach Wegen, um mit mir und meinem Leben im Alltag klarzukommen, indem ich viele Kurse zur persönlichen Weiterentwicklung belegte und belege.

Durch dieses ständige Ausprobieren und Üben fand ich schließlich den **Weg zum Schreiben in der Natur**.

Jahrzehntelang hatte ich den Zugang zu meiner Naturverbundenheit verloren, obwohl schon mein Vater ein Naturliebhaber war. Zu viele frühkindliche Abwehrmechanismen wirkten in mir, die mich von der Natur fernhielten. Doch war ich nicht in der Lage, diese zu erkennen.

Erst mein jetziger Mann konnte mir vor etwa 17 Jahren wieder meine Augen für die Natur öffnen. Mit seiner Faszination für die Phänomene der Natur steckte er mich an. Ich entdeckte die Schönheit in den Wolken, am Himmel, in den Wäldern, den Bergen, an Flüssen und am Meer. Ich spürte meine Affinität zur Natur deutlicher und meine Hingezogenheit wuchs.

So kam es, dass ich 2019 während und nach meinem zweiten Klinikaufenthalt auch **das Schreiben in der Natur** für mich entdeckte. In der Klinik durfte ich die Kraft und Verbindung zur Natur verstärkt erfahren. Wöchentliche achtsame Exkursionen in den Wald - die Naturwege - erdeten mich.

Bald entwickelte ich die Gewohnheit, allein in den Wald zu gehen und meine Gedanken zu notieren, wann immer ich etwas zu verarbeiten hatte. Ich spürte, dass ich mich durch das Notieren meiner Gedanken noch mehr in mir verankern konnte.

Nach der Klinikzeit etablierte ich das Schreiben in der Natur für mich, indem ich aktiv mit meinen Schreibutensilien losging, wann immer mir danach war.

Das Schreiben in der Natur wurde zu meinem selbstwirksamsten Werkzeug. In der Natur finde ich alles, was ich brauche.

Weitere persönliche Texte von mir findest du auf meinem Blog **cathrins.lebensblog.**

Hier schreibe ich regelmäßig seit 2018 Blogartikel über meine Weiterentwicklung und meinen Heilungsweg, SeelenFarbenFetzen (Gedanken, die meiner Seele entspringen), Lyrisches, Kurzgeschichten und Rezensionen.

www.achtsam-frauueber50sein-cathrin.de

Wo ich schreibe

Ich liebe es, in der Natur zu sitzen und zu schreiben. Meist sitze ich an Gewässern. Mal schreibe ich am Fluss, mal am Meer.

Meine Gedanken beginnen zu fließen wie das Wasser selbst, das nicht anders kann als zu fließen. Ich lasse mich von dieser Natur - in ihrer verschiedenartigen Kraft und Schönheit - inspirieren. Es schreibt wie von selbst mit meiner Hand, fließt also, wobei Aspekte meines Seins näher beleuchtet und beachtet werden.

Schreibe ich am Fluss, sitze ich an der Ruhr in Hattingen auf einer großen Weidenwurzel. Ich wohne in unmittelbarer Nähe des Flusses. Neben dem wunderschönen Blick auf das fließende Gewässer schenkt die Wurzel mir ein erdendes Gefühl. Ich werde augenblicklich ruhiger, der Druck auf meinem Herzen lässt nach, was sehr bezeichnend ist für einen unruhigen Menschen wie mich. Diesen Platz taufte ich daher schnell „Happy Place".

Schreibe ich am Meer, in das am Ende jeder Fluss fließt und darin aufgeht, befinde ich mich in Zeeland (Niederlande). Hier verbringe ich einige Wochen des Jahres. Im Örtchen Zoutelande habe ich mein zweites Zuhause. Auf einem Campingplatz kauften wir vor acht Jahren ein Chalet, ein kleines Mobilheim, das seitdem zu meinem Rückzugsort geworden ist. So oft es geht, laufe ich zum Meer. Dort setze ich mich meistens auf meine Lieblingsbank, um zu schreiben. Diese

Bank steht auf einer hohen Düne und bietet den freien und weiten Blick auf das Meer.

Dass ich hauptsächlich an Gewässern schreibe, liegt also daran, dass ich dort lebe. Gleichzeitig bilden sie eine wunderbare Metapher für das Leben selbst. Alles fließt, immer weiter, in eine Richtung und nicht zurück. Die Umstände geben dem Fluss die Richtung vor. Auch unser Leben fließt durch die Zeit. Und uns bleibt letztendlich nichts anderes als diesem Lebensfluss vertrauensvoll zu folgen.

Das Schreiben in anderen Naturlandschaften (Wald, Berge, Heide, Parks, Gärten, …) bringt seine ganz eigenen Reize mit sich, die ich durchaus verlockend finde. Denke ich an den Duft der Fichten im Wald und an die Möglichkeit, die botanischen Duftstoffe von Nadelbäumen einzuatmen, möchte ich auch diese Gelegenheiten gerne zum Schreiben nutzen.
Diese ergaben sich bisher allerdings wenig, sodass die Texte in diesem Büchlein an Gewässern und ab und zu in Gärten entstanden.

An welchem Ort ich meine Texte geschrieben habe, ob **am Meer, am Fluss oder im Garten**, erkennst du an den unterschiedlichen symbolischen Illustrationen.

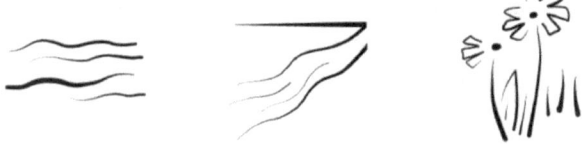

Wie ich schreibe und wie Natur und Schreiben auf mich wirken

Zum Schreiben richte ich mir meinen Sitzplatz ein, manchmal mit einer Decke, hole meine Schreibutensilien (Schreibbuch und Kugelschreiber/Tintenroller/Bleistift - mehr braucht es nicht) aus meiner Tasche, schaue beobachtend in die Landschaft, lasse sie auf mich wirken und lege einfach los. Ich überlege nicht, worüber ich schreiben möchte, sondern schaue und schreibe einfach, ohne Ziel, ohne Erwartungen, nur um des Schreibens Willen.

Abgesehen von der Natur ist sicherlich das Schreiben mit der Hand ein wichtiger Aspekt. Unsere Hand als Teil unseres Körpers ist direkt mit unserem Herzen verbunden.

Ich bin es, die schreibt. Und das, was ich schreibe, kommt aus mir.

Das Schreiben mit der Hand transportiert meine Gefühle viel ehrlicher, intensiver und emotionaler als das Schreiben auf einer Tastatur. Zwischen mir und dem Papier ist nichts anderes als der Stift. Ich bin näher dran und kann dadurch tiefer gehen. Neurowissenschaftliche Studien zeigen, dass beim handschriftlichen Schreiben Hirnregionen aktiviert werden, die für das Denken - die Sprache und das Gedächtnis - zuständig sind. Dies führt zu einer viel stärkeren Vernetzung der Informationen im Gehirn. Das heißt, wir verstehen uns selbst besser, wenn wir mit der Hand schreiben.

Ich sitze also in der Natur mit dem Stift in der Hand. Es zeigt sich von alleine, was gesehen werden möchte. Die Wirkung zwischen der Natur und mir ist wechselseitig.

Ich bin mit dem, was in mir ist und von außen auf mich wirkt, in wechselseitiger Beziehung.

Erst stimme ich mich auf die Landschaft ein. Manchmal schaue ich nur Sekunden, manchmal Minuten und manchmal auch länger. Wenn ich dann schreibe, spüre ich die Wirkung der Landschaft auf mich. Dabei lässt jede Landschaft ihre eigene Atmosphäre entstehen.

Indem ich schaue, öffne ich mein Herz und komme ins Staunen. Der Raum in mir wird weiter. Die Natur verwandelt meine Gedanken, die auch poetischer werden können. Ich werde achtsamer und fange an, die kleinen Dinge zu sehen. Dieses staunende Gefühl bereichert mich ungemein. Ich werde demütig. Wenn ich das, was ich sehe, in Worte fasse und notiere, werde ich achtsam dem Gesehenen und dem Gefühlten, also dem Leben gegenüber. Es festigt sich etwas in mir, wird runder, klarer, manchmal so, als ob Puzzlestücke sich zusammenfügen. Gedanken werden losgetreten, die zu weiteren Gedanken führen. Die Wirkung des Schreibens in der Natur tut mir einfach gut, hat etwas

Heilsames für meine Seele und fühlt sich immer befriedigend an.

Viele medizinische Studien belegen, dass allein das Schreiben eine heilende Wirkung besitzt. Die Natur tut ihr Übriges dazu. Gerade weil ich an einer psychischen Erkrankung leide, finde ich mit dem Schreiben in der Natur eine Möglichkeit, mich wieder mehr zu spüren, Spannung loszulassen und aktiver und lebendiger zu werden.

Indem ich in die Natur schaue, kann ich bewusst meinen Fokus setzen, beispielsweise auf das Wasser oder auf eine Blüte. Das Schauen wird zu einer Meditation. Mein Anker ist das Schauen und weniger das Atmen, sodass über das Schauen mein Atem ruhiger wird. Ich beruhige mich, erde mich, indem ich bewusst beobachte, sodass das Schreiben darüber besonders heilend wirkt.

Dabei ist es egal, wie es mir gerade geht, was ich natürlich nicht wortwörtlich meine. Fakt ist:

Jede Stimmung ist in der Natur willkommen, ist natürlich. Die Natur ist uns wohlgesonnen.

Wenn es mir nicht gut geht, wenn ich einen Widerstand in mir spüre, den ich nicht einordnen kann, greife ich zum Stift. Ich sitze in der Natur und schreibe. Das Schreiben dort bringt Licht in das Chaos in meinem Kopf. Ich sehe meinen Weg klarer; sehe, in welche Richtung es für mich weitergehen kann. Gedanken, die ich schwer für mich einordnen kann, integrieren sich in mir.

Die Verbindung von Schreiben und Natur schenkt mir also mehr Klarheit und verhilft mir zu einem achtsameren und liebenderen Umgang mit mir selbst.

Wenn ich schreibe, werde ich aktiv, bewege mich innerlich.

Selbst bei einem inneren Hilfeschrei, wenn es sich beispielsweise so anfühlt, als ob mir innerlich die Luft abgeschnürt wird, kann ich mich durch das Schreiben öffnen, komme eher an das, was im Unterbewussten verborgen ist.

Und später fühle ich mich vielleicht im Stande, die Verantwortung für mich zu übernehmen und finde Lösungen.

Körper, Geist und Seele kommunizieren mit Hilfe von Stift und Papier miteinander.

Zudem kann es sein, dass ich in der Natur etwas entdecke, diese Entdeckung wie ein Lichtstrahl in mein Bewusstsein dringt, mich inspiriert und in die bereits beschriebene Wechselwirkung mit mir tritt.

Mein Selbst wird unterstützt und meine Wahrnehmung - nach außen und nach innen - bekommt die Chance, sich zu verändern.

So hat das Schreiben in der Natur etwas Therapeutisches.

Schon Graham Greene sagte:

„Writing is a form of therapy, sometimes I wonder how all those who do not write, compose or paint can manage to escape the madness, melancholia, the panic and fear which is inherent in a human situation."

Manchmal ist da noch mehr, wenn ich in der Natur sitze und schreibe. Ich beobachte, lasse meinen Blick schweifen, nehme auf mit allen Sinnen, erfahre diese Stimmung und beginne, mich als Teil des großen Ganzen, der Quelle, des Universums zu sehen. Es fühlt sich an wie eine Kommunikation mit dem Universum und ich spüre Glücksgefühle, während ich schreibe. Ich fühle mich beseelt von der Natur, fühle mich verbunden, inspiriert und spüre eine innere Ruhe.

Wenn ich die Natur so erlebe, erlebe ich sie als eine magische, göttliche Quelle, als ein Geschenk.

Ein Moment, in dem ich meine heilige, innere Quelle, nach der ich so häufig suche, gefunden habe.

Es ist mein innerer Frieden.

Die Natur ist wie das Leben. Alles ist gleichzeitig da, die Vogelstimmen, das Plätschern des Flusses, das Rauschen des Meeres, aber auch Baulärm, Geräusche von Geräten, Fahrzeugen oder Menschen sowie Gerüche und Sauerstoff. Alles ist gleichzeitig da, wie das Dunkle und das Helle in mir. **Natur ist Leben.**

Lese ich meine Texte später zu Hause durch, gehe ich erneut mit mir und der Natur in Resonanz, schaue mit einem distanzierteren Blickwinkel auf sie, gestalte sie weiter, entwickle mich selbst ebenfalls weiter, da ich zu weiteren Erkenntnissen über mich kommen kann.

Ein Wandel in mir wird angeregt oder geschieht durch diesen Prozess. Gleichzeitig bewahre ich mein Erleben durch das Geschriebene und kann es so immer wieder aufrufen. Dadurch bleibt es in meinem Gedächtnis, dringt vermehrt in mein Bewusstsein.

Dass ich Erlebtes erneut aufrufen kann, spüre ich, wenn ich meine geschriebenen Zeilen lese. Ich kann mich recht leicht in meinen erlebten Zustand hineinfühlen, sodass ich sagen kann, dass meine Schreiberfahrungen in der Natur für mich nachhaltig **gesundheitsfördernd, stressreduzierend** und insgesamt **heilsam** sind.

Der Druck auf meinem Herzen schwindet durch das Lesen meiner eigenen Naturerfahrungen.

Zu meinen Natureinträgen

Meine Natureinträge erzählen von meinen Gedanken, verbunden mit der Natur. Das achtsame Beobachten der Natur belebt mich und verbindet mich intuitiv mit Gedanken, die gerade in mir wirken.

Wie in der Natur geschriebene Texte aussehen können, zeige ich dir anhand meiner Natureinträge. Alles ist möglich, alles darf sein. Es gibt kein Richtig oder Falsch.

Ich komme einfach immer wieder mit mir in Kontakt, wie ich jetzt gerade bin.

Manchmal beschreibe ich nur das, was ich sehe. Schon darin liegt eine gewisse Kraft, selbst wenn es für den Außenstehenden belanglos oder oberflächlich scheinen mag. Möglicherweise fällt mir eine Geschichte, ein Gedicht ein oder ich erlebe eine Geschichte. Häufig kommt ans Licht, was mich - unbewusst - gerade am meisten beschäftigt.

Seltener stelle ich Fragen an mich, mein Herz, meine Intuition. Doch auch das ist eine Möglichkeit, um in der Natur mit mir in Kontakt zu kommen, weshalb ich sie hier aufzeigen möchte. Ich frage und das Schreiben schenkt mir Antworten. Auch so kann ich finden, was in mir lebt, das Wertvolle in mir wiederentdecken.

Ich könnte auch schriftlich in einen Dialog mit der Natur gehen oder ihr einen Brief schreiben. Alles ist möglich.

Ich finde meinen eigenen Ausdruck, wenn ich die Natur wahrnehme. Ich lasse mich von der Natur beflügeln.

Mal schreibe ich biografisch, mal meditativ, immer in meinem persönlichen Ausdruck. Die Natur inspiriert mich, kreativ zu werden. Dank ihrer Hilfe kann ich mich vom Alltag distanzieren.

In meinen Natureinträgen verarbeite ich also Erfahrungen, Gedanken und Empfindungen, die ich in mir trage, die durch die Begegnung mit der Natur an die Oberfläche kommen, sich beruhigen und mir den Weg zu mir zurück aufzeigen.

Ich schreibe porträtartig über mich und mein Innenleben.

Meine Texte sind nicht grundsätzlich positiv, sondern eher realistisch wie das Leben selbst, aber immer - und das ist mir wichtig - dem Leben zugewandt.

Worum geht es dabei inhaltlich?

Es geht um Struktur in meinem Leben, um Routinen. Es geht um meine Hochs und Tiefs, um innere Unruhe, um Stimmungswechsel. Es geht um

Glaubenssätze. Es geht um innere Kinder. Es geht um Annahme. Es geht um Tools, die mir in meinem Alltag helfen. Es geht um Bewertung. Es geht um Gedankenspiralen. Es geht um Zeichen. Es geht um Sehnsüchte und Wünsche. Es geht um Selbstfürsorge. Es geht um Mutterliebe und die Liebe zu meinen eigenen Kindern. Es geht um das Eisbergmodell und um den Klimawandel. Es geht um Krafttiere. Es geht um den Eisvogel. Es geht um Spiritualität. Es geht um meine Haltung und Veränderung. Es geht um die Aufs und Abs in meinem Leben.

Zur Erinnerung: Meine Texte bilden lediglich Beispiele *meines* Lebens ab. Mögen sie dir eine Einladung sein, deinen eigenen Ausdruck zu finden, wenn du über *dich* und *dein* Leben schreibst.

Wenn ich denke, du könntest vielleicht ein wenig mehr Erklärung brauchen zu Themen/Begriffen aus der Persönlichkeitsentwicklung, beschreibe ich einzelne Sachverhalte ergänzend in kleinen „Exkursen".
Du erkennst sie an der kleinen Denkblase.

Manchmal findest du Verweise auf andere Natureinträge, die ich mit „NE" abkürze.

Meine Texte sind vor der Corona-Krise entstanden.

Natureintrag 1 - Juli

Erstes Schreiben am Meer in einem

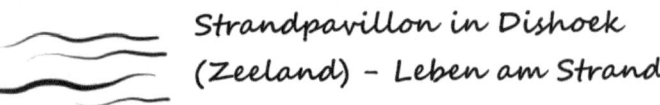 Strandpavillon in Dishoek

(Zeeland) – Leben am Strand

Mein Mann und ich sitzen draußen. Einige Plätze des Strandpavillons sind noch frei. Es ist Ebbe. Zwischen unserem Tisch und dem Meer liegt der weite Sandstrand. Das Meer glitzert in einer gefühlten Breite von 100 Metern. Die Sonne ist warm auf der Haut.

Auf dem Weg hierhin habe ich schon ans Schreiben gedacht und verschiedene Federn gesammelt. Hinweise für das, was mich in der nächsten Zeit beschäftigen wird. Schreiben in der Natur - Beobachtungen.

Heute ist es nicht wirklich heiß. Die Menschen sind unterschiedlich gekleidet, von der Badehose bis zur langen Jeans. Wir schreiben zu zweit. Mein Mann schreibt Karten, ich in mein Schreibbuch. Ich schreibe lieber über das, was ich sehe, was meine Aufmerksamkeit weckt.

Der Pavillon und der Strand sind noch angenehm leer. Ab dem kommenden Wochenende, wenn in NRW die Sommerferien beginnen, wird es sich hier sichtbar füllen.

Eine Familie mit zwei Kindern sitzt nun am Nachbartisch. Das kleine Mädchen (3-4 Jahre alt) ist nicht ganz zufrieden, weil sie zu wenig sieht. Sie kann kaum über die Tischkante gucken, geschweige denn zum Meer hinaus. Sie quengelt ein wenig vor sich hin. Der deutsche Vater bestellt auf Englisch, die Kleine wundert sich, erkennt sogar die englische Sprache. Da wundere ich mich.

Ich quetsche meine sandigen Füße in die Wassersandalen, denn ich möchte jetzt gleich zur Toilette gehen. Barfuß dort hinzugehen, mag ich nicht, vor allem, wenn der Boden nass ist. Für mich würde es sich anfühlen, als würde ich in Urin stehen.

Am Strand beobachte ich einen Mann - ein wandelndes Gemälde, tätowiert am gesamten Oberkörper und auch zum Teil an den Beinen.

Mein Mann schreibt seiner Mutter, Schwester und seinen beiden Freundinnen. Ich bemerke, dass meine Gedanken ziemlich aktiv werden. Was schreibt er seinen platonischen Freundinnen? Ich bleibe an den Gedanken haften. Auch meine Augen werden aktiv. Auf dem Kopf lese ich „Meine liebe Anna" und am Ende der Karte „Ich drücke dich".

Da passiert was in mir. Ich reagiere gereizt, als mein Mann zu mir sagt: „Kommst du gut voran?"

„Nee, ich will ja einfach nur schreiben, ohne Ziel, mehr nicht!"

Naja, er meint es nett, und ich lege - wie so oft - jedes Wort auf die Goldwaage. Alte Gedankenmuster sind aktiviert, mein `Pseudoselbst` ist aktiv. Wie kann er zu anderen Frauen und nicht nur zu mir nett sein? Das spinne ich jetzt besser nicht weiter.

Den Gedankenstrom zu stoppen kann durchaus eine Lösung sein.

Zwei größere Schiffe tuckern vorbei.

Eine Wespe bringt das kleine Mädchen am Nachbartisch zur Verzweiflung. Es schreit und auch das Baby lässt sich davon anstecken. Nach dem Trösten beruhigt sich alles wieder.

Auch ich bin wieder ruhig. Mein Mann schaut lächelnd auf das Meer hinaus. Ein kleines Kind schiebt eine winzige grüne Schubkarre am Strand vor sich her. Die Frau hinter dem Kind schiebt ihren Babybauch.

An einem anderen Tisch blubbern Kinder in ihr Getränk. Das weckt Erinnerungen an früher, als meine Kinder noch so klein waren.

Eine stattliche Silbermöwe zeichnet ihre Fußspuren in den Sand.

Eben Leben am Strand.

Natureintrag 2 - Juli

Gedankenspiele – einfach am Meer sein

Wir sitzen auf einer Bank, hoch oben auf einer der großen Dünen in Zoutelande, den Blick über das weite Meer schweifend. Die Sonne versteckt sich hinter den Wolken, ist trotzdem auf der Haut spürbar. Das Meer zeigt sich eher glatt, kräuselt sich nur leicht in einem milchigen Lindgrün, ähnlich der etwas gedämpften Stimmung.

Gedankenspiele durchziehen meinen Kopf. Wie strukturiere ich meinen Alltag, sodass ich zukünftig besser zurechtkomme? Wie finde ich meine Routinen im Alltag, die mir guttun, die mich stärken und nicht überfordern? Wie schaffe ich es, mich nicht zu verurteilen, wenn ich sie nicht einhalte? Merke ich das rechtzeitig und woran würde ich es merken? Fragen, die mich wieder und wieder begleiten, während ich auf der Suche nach Antworten bin. Tipps und Übungen, die ich kenne, die ich durchführen kann, jetzt durchführen könnte, gibt es reichlich. Und Leben bedeutet ja auch für sich selbst zu üben und auszuprobieren (s. NE 15, NE 51).

Aber möchte ich das jetzt, wenn ich hier sitze und auf das weite Meer schaue?

Ich spüre ein klares Nein! Ich möchte einfach schauen. Schauen, wie sich das Lichtspiel des Meeres in jedem Moment, von Augenblick zu Augenblick verändert.

Und da, ein kleiner Glitzerpunkt und noch einer, nur für mich, damit ich es genießen kann.

Ich darf beobachten, was hier passiert.

Ich darf darüber schreiben und dabei spüren, wie die Freude in diesem Augenblick in mich hineinfließt.

Ich darf mich freuen, einen Mann an meiner Seite zu haben, mit dem ich mich genau darüber austauschen kann. Der Mann, der neben mir auf der Bank sitzt und liest.

Ich darf Zukunfts- und Vergangenheitsgedanken zulassen und wieder gehen lassen.

Ich schaue auf das weite Meer. Es ist wie es ist.

Natureintrag 3 - August

Erneute Ankunft in
Zoutelande - Meeresmusik

Unsere Ankunft verlief stürmisch, begleitet von starken Schauern. Mein Mann und ich suchten einen Strandpavillon auf, in dem es ebenso trubelig war wie das Wetter. Auf der vollen, überdachten Terrasse zog der Wind von unten durch die Latten. Für uns beide wurde es zu kühl, sodass wir uns lieber reinsetzten. Wir ergatterten einen letzten freien Platz, der sich allerdings in direkter Nähe zur sich ständig öffnenden Tür befand. Auch hier war es zu kühl, um das Sitzen dort zu genießen.

Jetzt sitzen wir auf einer Bank, blicken auf das Meer und spüren die Abendsonne auf der Haut. Das Wetter hat sich beruhigt. Drei Wochen hier in Zoutelande liegen vor mir - teilweise mit und teilweise ohne meinen Mann.

Ich ahne, wie meine Zeit hier werden könnte, denn ich trage den starken Wunsch in mir, NOCH mehr bei mir selbst anzukommen. Ich wünsche mir Ruhe und diese mit Genuss, auf eine gesunde Art und Weise.

Ich möchte mich bewegen und mich vollwertig und nahezu vegan ernähren.

Bisher ist dieses Jahr ein sehr kräftezehrendes Jahr. Dreieinhalb Monate verbrachte ich in einer Trauma-

Klinik, um an meinen teils traumatischen Kindheitser-
fahrungen zu arbeiten und weiter zu heilen. Schritt für
Schritt entwickelte und entwickle ich mich weiter.

*Ich hätte nicht gedacht, dass Heilung ein le-
benslanger Prozess ist.*

Der Wind und das Meer, eine schöne Kombination,
sind wie Musik in meinen Ohren.

Das Meer trägt eine wunderbare Geräuschenergie in
sich - mal kraftvoll, mal ganz leise.

Wenn ich der Meeresmusik mit ihrem regelmäßigen
Rhythmus lausche, wird der störende Lärm in meinem
Kopf leiser. Ich konzentriere mich auf diese Musik. Sie
rauscht. Die Wellen schlagen in einer sich wiegenden
Bewegung laut auf den Sand. Ein sich wiederholendes
Crescendo und Decrescendo. Wellen brechen, breiten
sich aus und ziehen sich zurück.

Die Meeresmusik tut mir gut. Ich komme langsam an.

Das Meer beginnt, mein Inneres zu erreichen.

Natureintrag 4 - August

Weckende Wassertropfen

Ich sitze auf einer Bank mit Blick über das Meer. Die dunklen Wolken färben es schwarz. Das Wetter ist unbeständig, genauso wie ich mich fühle.

Heute Morgen blies der Wind noch stark. Die Wellen verbreiteten den Geruch nach Salz und Algen, beides inhalierte ich bewusst. Es war faszinierend zu beobachten - Sonne und Unwetter im Wechsel. Über Westkapelle entdeckten wir eine Windhose, die erste, die wir live sahen und die glücklicherweise circa acht Kilometer entfernt war.

Jetzt fallen erste Tropfen. Tropfen, die bis in meine Seele tröpfeln. Ich sehe mich selbst zu oft im Kritisiermodus. Ich kritisiere ungehalten, auch wenn es nicht angebracht ist.

Meinem Mann geht es psychisch nicht gut und ich fühle mich gerade alles andere als in guter Verfassung, um ihn zu unterstützen oder um ihn aufzubauen. Manchmal gelingt es mir, fürsorglich zu sein, wenn ich einen guten Tag habe. Heute gelingt mir das Kritisieren. Das ist ja auch viel einfacher.

Ich spüre die kühlen Tropfen, die mich ein wenig aufwecken. Ich weiß, dass ich Ruhe in mir finden kann, wenn das Kritisieren, das Verurteilen und diese gesamte negative Bewertung aufhören; oder vielmehr, wenn ich selbst damit aufhöre.

Darauf freue ich mich jetzt schon, aber geht das überhaupt?

Kann mir das gelingen?

Ein tröpfelnder Weckruf kann wirklich nie schaden.

Natureintrag 5 - August

Kuhflecken auf dem Meer

Diese eine Bank auf der Düne etabliert sich als meine Schreibbank. Ich blicke auf das Meer.

Dunkle und weiße Wolken spielen miteinander und sorgen für einen Kuhfleckeneffekt auf dem Meer. Allerdings assoziiert wohl kaum ein Mensch Kuhflecken mit Wind, der einem die Haare nahezu vom Kopf reißt. Dank der durchblitzenden Sonne ist es trotzdem nicht zu kalt, sodass ich hier in einem kurzärmeligen T-Shirt sitzen kann.

Kuhflecken auf dem Meer zaubern mir ein Lächeln auf die Lippen. Kuhflecken, die in ständiger Bewegung sind, deren weiße und dunkle Flecken sich verkleinern und wieder vergrößern wie eine Herde, die sich über den Weideausgang freut.

Ein Moment, in dem es mir besser geht, ein wohliges Gefühl, mag ich doch sowohl die Kühe bei uns an der Ruhr als auch das Meer.

Selbstmitgefühl und Selbstliebe möchte ich lernen, mir zu geben. Ich möchte lernen, mich mit meinen Schwächen anzunehmen, mich einfach mit offenem Herzen, so wie ich bin, zu akzeptieren.

Heute Morgen las ich ein paar Zeilen in dem Buch „Selbstmitgefühl" von Christine Neff. Ich führte den Test durch, welchen sie zum Messen des eigenen Selbstmitgefühls entwickelt hat. Naja, das Ergebnis war mir schon vor dem komplizierten Errechnen aller Mittelwerte klar:

Ich habe noch ein geringes Selbstmitgefühl. Daran arbeite ich, es ist meine Lebensaufgabe.

Aber jetzt gerade erfreue ich mich an den Kuhflecken auf dem Meer.

So schön, dass ich trotz allem so empfinden kann.

Natureintrag 6 - August

Meditation oder Schreiben
im Strandpavillon

Nach einem Besuch des vollen und lebendigen Zoutelander Marktes und einem kleinen Einkauf im Supermarkt sitzen wir am Nachmittag im Strandpavillon und schauen auf das glitzernde, recht ruhige Meer.

Hier ist Hochsaison. Die Wellen schlagen hoch. Nein, nicht die des Meeres und auch nicht vor Empörung. Hier ist es einfach nur voll und laut.

Während mein Mann neben mir sitzend zehn Minuten lang meditiert - mit Meditationstimer und geschlossenen Augen - und sich von der Geräuschkulisse der vielen Menschen einlullen lässt, schaue ich mir das Treiben an. Meditieren inmitten dieser Fülle und hohen Lautstärke funktioniert für mich nicht, denn ich lasse mich viel zu leicht ablenken. Bewundernswert, dass er hier meditieren kann!

Doch einfach nur zu schauen, die Umgebung samt Meer auf mich wirken zu lassen, gelingt mir auch nicht. Ich sehe das wundervolle glitzernde Meer und trotzdem springt sein Zauber nicht auf mich über. Die äußere Unruhe überträgt sich auf mein Inneres. Wie ein Schwamm sauge ich mich mit Unruhe voll.

Ich ärgere mich und greife zu meinen Schreibutensilien. Mit einem Stift in der Hand fällt es mir leichter, bei mir zu bleiben. So schreibe ich einfach drauflos, mit dem zusätzlichen Effekt, dass ich mich nicht so allein fühle. Die Geräusche der Umgebung treten ein wenig in den Hintergrund. Ich könnte in ein Zwiegespräch, in eine Unterhaltung mit mir treten. Nein, ich möchte doch lieber einige Gedanken zum Schreiben an sich loswerden.

Ich hätte nicht gedacht, dass ich das Schreiben, die Lust und Freude daran, so wie in Kindheitstagen wieder aktiv aufnehmen und spüren könnte. Gut erinnere ich mich noch, dass ich mit etwa zehn Jahren anfing, einen *Roman* zu schreiben. Ich füllte Seite um Seite eines Schreibheftes. Wie Vieles in meinem Leben, fiel er allerdings der Bewertung, höchstwahrscheinlich meiner eigenen strengen Bewertung, zum Opfer. Daher existiert dieser kleine Roman heute nicht mehr.

Durch Bewertungen - egal von wem sie auch kommen mögen - möchte ich mich nicht mehr vom Schreiben abhalten lassen. Einfach nur schreibend sein zu dürfen - das wünsche ich mir. Die Zeit dafür ist jetzt.

Mein Mann taucht erholt aus der Meditation auf, wirkt zufrieden *und auch ich bin zumindest etwas ruhiger.*

Natureintrag 7 - August

Tosendes Meer

Ich sitze auf einer Bank direkt an der Wasserkante.

Der Wind weht stürmisch. Das Meer tost wie ein ungebändigtes Tier, wie das Es, jener unbewussten, dunklen, oft unzugänglichen Struktur, die wie ein Monster in mir brodeln kann. Von meiner Bank aus kann ich das Meer in Ruhe beobachten.

Erstaunlicherweise ist es in mir gerade ruhig. Das genieße ich. So kann ich einfach nur auf die wilde, unruhige Kraft schauen. Sie kann mir nichts antun.

Wenn Es, das Monster, mit seinen unbändigen und unkontrollierbaren Gedanken in mir wirkt, hat es diese Kraft des Meeres. Die großen Wellen, die sich gegenseitig wegschubsen, trübe aufschäumen und hochkochen. Dieses Ungezähmte, das sich vom Wind des Lebens aufpeitschen lässt, und so schwer zu bändigen ist.

Und doch bringt die Sonne, das ewige Licht, auch diese unbändige Kraft zum Glitzern.

Ist es nicht genau dieses Lebendige, Kraftvolle, Spielerische, was uns am Leben erhält?

So schön, dass ich das in der Natur sehen kann. Diese positive Sichtweise möchte ich gerne kultivieren und in mein Leben integrieren.

Es gibt immer einen anderen Blickwinkel!

Auf alles!

Trotz des stürmischen Windes schaffe ich es sogar, diese Gedanken in meinem Schreibbuch aufzuschreiben.

Natureintrag 8 - August

Schiffsverkehr, Schwimmer und Gerüche

Bei Flut fahren blaue, rostige Kähne zügig die Fahrrinne entlang. Der Schwerölgeruch steigt mir in die Nase. Schiffe mit hochtrabenden Namen wie „Nabucco". Naja, wenn Freiheit und Gerechtigkeit siegen sollen wie in Verdis gleichnamiger Oper, wäre es von Vorteil für die Umwelt, zur Erhaltung unserer Meere andere Treibstoffe zu nutzen. Fast ist es so, als hörte ich den Gesang des Klagechores während das Schiff vorbeiglitt.

Ganz so trüb ist meine Stimmung nicht, obwohl die Sonne sich hinter den Wolken versteckt. Der Wind weht mäßig.

Ich sehe vereinzelte, mutige Schwimmer, die sich nahe an die Fahrrinne herantrauen. Wirklich sauber kann das Wasser nicht sein, obwohl alle Strände in Zeeland als Badestrände ausgewiesen sind.

Selten verspüre ich die Sehnsucht, ins Wasser zu gehen und zu baden. Das liegt nicht an der Wasserqualität. Da kommen andere Gründe ins Spiel, wie zum Beispiel Bequemlichkeit, Quallen im Wasser und mein Körpergefühl mit den dazugehörigen Gedanken:

„Wie sehe ich aus im Bikini? Sehe ich gut genug aus? Ist mein Bauch nicht zu dick?"

Ich weiß, dass das verrückt ist - im wahrsten Sinne des Wortes „ver-rückt". Da ist etwas in meinem Kopf verrückt, wenn ich diesen alten Glaubenssätzen (*Exkurs Glaubenssätze S. 49*) Beachtung schenke und mich selbst vom Leben abhalte. In solchen Momenten bin ich nicht wirklich bei mir.

Zum Schwerölgeruch mischt sich der Duft von Frittiertem - hier am Strand Geruchsnormalität.

Wo bleibt da der Geruch des Meeres?

Um den charakteristischen Duft des Meeres genießen zu können, ist es häufig nötig, nah an die Wasserkante zu treten, wobei die benötigte Nähe von der Windrichtung abhängig ist. Stehe ich dort, rieche ich diese Mischung aus Salz und Algen, bzw. das Gas, das entsteht, wenn die Algen von Bakterien aufgefressen werden („Bakterienpups").

Diesen Geruch sauge ich trotz seiner etwas fragwürdigen Entstehung *auf, weil er so guttut und ich so viel damit verbinde.*

Exkurs Glaubenssätze

Glaubenssätze sind tief in uns verwurzelte Über-zeugungen, geistige Haltungen, die unsere Gedanken und somit unsere Gefühle und Handlungen formen. Sie entstehen in den ersten sieben Lebensjahren durch erlebte positive und negative Erfahrungen und Prägungen sowie deren Verarbeitung und Be-wertung und bilden Glaubensmuster. Glaubenssätze und -mus-ter wiederholen sich ständig in uns.

Das Fatale ist, dass wir negative Glaubenssätze als Erwach-sene häufig ungefragt für wahr halten, da sie aus unserem Be-wusstsein verdrängt wurden und im Unterbewusstsein aktiv sind. Schauen wir uns unser Leben genau an, können wir er-kennen, was wir glauben.

Habe ich als Kind z.B. gelernt, **dass ich nur geliebt werde, wenn ich still bin,** *kann es mir auch noch als Er-wachsene schwerfallen, meinen Mund aufzumachen und für meine Meinung einzustehen. Damals hat uns so ein negativer Glaubenssatz geschützt - wir bekamen Liebe durch das Still-sein. Er war eine Überlebensstrategie. Heute nimmt er uns Le-benskraft und Lebensqualität.*

Das Gute ist, dass sich Glaubenssätze umprogrammieren las-sen, genau wie deren Verschaltungen im Gehirn. Dazu gibt es die verschiedensten Modelle wie z.B. Innere-Kind-Arbeit, The Work von Byron Katie, systemische Arbeit mit Persönlichkeits-anteilen und vieles mehr.

Ich weiß aus eigener Erfahrung, wie komplex und schwer das Umlernen, das Transformieren meiner hinderlichen

Glaubenssätze ist. Das gilt gerade für Menschen, deren Glaubenssätze traumabedingt entstanden sind, wie bei mir der zuvor genannte Glaubenssatz.

Leicht kann aus dem Leidensdruck ein Lösungsdruck werden, die Glaubenssätze schnell heilen oder loswerden zu wollen. Ich kann allerdings nur so weit heilen, wie ich selbst schon stressresilient bin.

Wenn ich mich zum Beispiel - vielleicht auch unbewusst - vor Emotionen fürchte, die ein Glaubenssatz auslöst, kann ich diesen Prozess nicht einfach überspringen. Hier brauche ich eine traumasensible Begleitung oder muss in der Lage sein, mich selbst liebevoll und wohlgesonnen regulieren zu können.

Ich brauche die Verbindung zu den Anteilen in mir auf kognitiver, emotionaler und körperlicher Ebene, um meine Glaubenssätze verändern zu können.

Vielen Menschen, zu denen auch ich hin und wieder gehöre, hilft es, den Blickwinkel zu ändern. Sitze ich am Meer und stöhne über die Wolken und den Regen, wird mich das total frustrieren. Wenn ich aber beschließe, den Regen zu genießen, weil ich ja weiß, dass die Sonne immer da ist und sich nur hinter den Wolken verbirgt, kann ich mich am Regen erfreuen.

Ich weiß, dass das Leben immer lebenswert ist, wenngleich ich das selbst manchmal nicht sehen kann.

Natureintrag 9 - August

Dunkle Wolken weichen hellen Wolken

– Tiefs und Hochs –

Glaubenssätze in mir

Diese eine Bank, hoch oben auf der Düne, etwas zurück gesetzt vom Weg, geschützt gelegen zwischen Camping de Meerpal (unserem Zuhause hier in Zeeland) und dem Dorf Zoutelande und mit freiem Blick auf das Meer, ist die Bank, auf der ich so gerne sitze und schreibe.

Beuge ich mich vor und schaue nach rechts, sehe ich direkt auf die kleine Landzunge, auf den Mittelpunkt des Dorfes Zoutelande mit seinem herausstechenden Merkmal, der ‚Catharinakerk'. Über den Anblick der kleinen Kirche freue ich mich jedes Mal. Ich fühle eine besondere Nähe zu dieser kleinen Kirche aus Backsteinen, deren Turm aus dem 13. Jahrhundert stammt, denn sie trägt meinen Namen.

Auf meiner Lieblingsbank fließen die Schreibideen durch mich hindurch, abhängig von meiner Stimmung und der Faszination, die das Meer auf mich ausübt.

Ein Hochdruckgebiet, ein erneutes Sommerhoch, erwartet uns in den nächsten Tagen. Wie sehr wünsche ich mir, dass auch meine Stimmung davon berührt wird.

Tiefs und Hochs wechseln sich in mir ab - wie die Wolken gerade am Himmel. Für meine Begriffe zu schnell. Nach einem kurzen Hoch wird mein Inneres erneut von einem Tief eingenommen. Anders als hier draußen, wo ein Tief viel Wind, viel Luft zum Atmen mit sich bringt, schnürt mir mein inneres Tief erstmal die Luft ab, erdrückt mich, lässt mich an mir verzweifeln. Schnell, zu schnell ergebe ich mich diesem Gefühl und lasse mich in weitere Untiefen hineinziehen.

Manchmal jedoch erkenne ich meine Tiefs wie *alte Bekannte*.

Ich frage mich: **„Wer/was spukt da in mir rum?"**, und erkenne sie. Dann werden sie leichter, sind wie der Wind, der mir um die Nase weht.

Ich fühle mich erleichtert, wenn ich meine *„Bekannten"* erkenne, sie bemerke, sie möglicherweise sogar benennen und identifizieren kann. Dann kann ich sie eher als zu mir gehörig annehmen und akzeptieren. Das ist schwer und alles andere als selbstverständlich. Meine alten *Bekannten* sind meine negativen, mich blockierenden Glaubenssätze, meine antrainierten Verhaltensmuster aus frühester Kindheit (*Exkurs Glaubenssätze S. 49*).

Möchte ich noch tiefer gehen, kann ich mich fragen: **„Wovor soll mich dieses Muster schützen?"**

So kann ich den darunter liegenden Ursachen auf den Grund gehen.

Wann immer ich meine Glaubenssätze benennen kann, frage ich mich auch: **„Was kann ich tun?"**, lausche in mich hinein und höre (nicht immer) eine Antwort. Oft lautet sie:

„Gehe nach draußen. Gehe dahin, wo die Natur eine heilende Wirkung auf dich hat! Auch wenn es dich Überwindung kostet."

So landete ich an diesem Tag auf meiner Bank, sitze hier, schaue auf das glitzernde Meer und sehe dabei zu, wie die dunklen den hellen Wolken weichen. Sie haben eine direkte Wirkung - gemeinsam mit dem Schreibprozess - auf meine Psyche, auf meine Seele.

Ich spüre in mich hinein, während ich über das Meer schaue. Mein Blick wird weiter. Ich spüre den Wind, die Luft. Sie lässt mich freier atmen. Ich fühle mich nicht mehr so eingeschnürt. Mein Herz wird ruhiger. Meine Gedanken werden gnädiger mit mir. Ich komme wieder mehr bei mir an.

Das Naturschauspiel von Meer und Wolken, das sich in ständiger Bewegung und Veränderung befindet, so wie wir, stimmt mich zuversichtlich.

Ich spüre, wie sich die dunklen Wolken in mir zurückziehen und eine Zufriedenheit über die gerade geschriebenen Zeilen anfängt, sich in mir auszubreiten.

Und natürlich weichen auch die hellen den dunklen Wolken. Beides hat seine Berechtigung.

Natureintrag 10 - August

Meditation auf der Bank

Mein Mann und ich sitzen auf unserer Bank. Wir stellen den Timer der Meditations-App auf zehn Minuten.

Ich sitze entspannt. Meine Augen sind geschlossen. Ich spüre die warme Hand meines Mannes auf meinem linken Arm. Die Sonne ist heiß und brennt auf der Haut. Der Wind ist böig bei bis zu sechs Windstärken. Das Meer rauscht laut und brausend. Die Böen zerren mal ruckartig, mal sanfter an mir. Die Blätter des Sanddorns und der Silberpappeln knistern. Die Äste ächzen im Wind. Eine Grille zirpt. Menschen, darunter ein singendes Kind, gehen vorbei, so wie die ziehenden Gedanken in meinem Kopf. Ich öffne meine Augen nicht, obwohl es mir schwerfällt. Die Windböen bringen Kühle mit sich und verwandeln meine Haut in Gänsehaut. Der Arm meines Mannes, der um mich herumliegt, wärmt mich. Ich fühle mich geborgen. Ich höre einen Schiffsmotor vorüberziehen und mit ihm seinen schweren Dieselgeruch. Gedanken kreuzen sich und entschwinden nach links und rechts.

Der Gong des Timers erklingt. Ich öffne blinzelnd meine Augen, kuschle mich noch mehr in den Arm meines Mannes, genieße seine Körperwärme und schaue auf das Meer.

Diese Meditation war eine besondere, eine nahe, in der Umarmung geborgen und eine teils laute, die unbändigen Kräften ausgesetzt war.

Ich bin ruhig.

Natureintrag 11 - August

Leuchtturm - ijzeren torentje

Wir sitzen auf den schwarzen Beton-
buckeln unterhalb des rotweißge-
streiften Leuchtturms von Westkapelle. Hier wirkt das
Meer ursprünglicher und rauer. Vielleicht liegt das am
fehlenden Sandstrand. Das Meer riecht nach Meer,
einfach unbeschreiblich gut, mit eben genau der rich-
tigen Mischung aus Salz und Algen.

Es geht mir gut! Ich halte mich so gerne an diesem
Leuchtturm auf. Ein Wegweiser, der für jede Schwie-
rigkeit auf See sein spezielles Lichtsignal hat - seien es
Orientierungsfeuer, Richtfeuer, Leitfeuer oder Warn-
feuer.

Zum ersten Mal habe ich diesen Leuchtturm heute
bestiegen und stand direkt vor seinem besonderen
Licht, seinem Leuchtfeuer. Ein besonderer Moment,
so nah an dieser Lichtquelle zu stehen, fast so, als holte
ich sie in mein Herz.

Vor ziemlich genau neun Monaten habe ich im Win-
ter ein Foto mit mir und dem Leuchtturm als Symbol
gemacht, in der Hoffnung, dass er mir mit seinem
Licht den Weg weisen würde. Ich behielt dieses Foto
lange in meinem digitalen Status, glaubte an seine
Symbolkraft. Denn Ende des vergangenen Jahres war
mir nicht klar, wie mein weiterer Lebensweg aussehen
würde. In diesen vorigen neun Monaten ereignete sich
einiges in meinem Leben: mein Klinikaufenthalt, das
Verfahren zur Versetzung in den Vorruhestand wegen
Dienstunfähigkeit, der Auszug meines jüngsten Kindes und anderes.

Das hat sehr viel in mir ausgelöst und tut es heute noch. Manchmal kann ich solche Ereignisse nur schwer einordnen, stehe mir selbst ratlos gegenüber, da ich sie nicht klar fühlen kann. Es hilft mir, dieser unbekannten Größe in mir schreibend - am besten in der Natur - auf die Spur zu kommen.

Dieser Prozess hat etwas von einer Neugeburt gehabt und wurde durch diesen Leuchtturm begleitet.

Jetzt stelle ich mir vor, ich wäre der Leuchtturm, stehe standhaft und kraftvoll am Meer. Trage dieses starke richtungsweisende Licht in meinem Inneren und leuchte aus mir heraus. Was für eine Kraft!

Ich bin stark und ich leuchte.

Ich bin ein Fels in der Brandung.
Ich lebe im Hier und Jetzt.
Ich werde gesehen und bin bedeutsam.
Ich schütze.
Ich bewahre und erhalte mein Licht.

Ich bin stark und ich leuchte.

Das ist Meditation am Leuchtturm.

Es ist so schön hier - ich liebe es.

Natureintrag 12 - August

Qigong mit Hummel –
ausnahmsweise nicht am Meer

Heute Morgen - so wie an vielen anderen auch - praktizierte ich Qigong in unserem Garten am Chalet (*Exkurs Qigong S. 60*).

Ungefähr bei der vierten Übung - als ich gerade die Wolken zur Seite schob oder entfaltete ich mich doch schon wie eine Orchidee? - brummte es laut auf Höhe meiner Knie. Eine dicke große Hummel setzte sich für einen kurzen Moment auf einen Lavendelzweig, der sich unter ihrem Gewicht auf und ab bewegte, und landete schließlich auf den Terrassensteinen.

Ich ließ mich von ihr ablenken, denn neben ihrem eindringlichen Brummen bewegte sich diese Hummel ungewöhnlich langsam fort. Sie wirkte so, als wollte sie sich ausruhen. Ich setzte meine Übungen fort. Doch die Hummel suchte unentwegt meine Nähe. Zumindest kam es mir so vor. Sie krabbelte auf den Terrassenplatten in meine Richtung, sodass ich bei den weiteren vierzehn Übungen mehrmals ausweichen musste, um mir einen neuen Stand zu suchen, so nah war die Hummel bei mir. Sie reckte sich, streckte ihre Fühler aus und schob ihr Hinterteil in die Höhe, als wollte sie sich dehnen.

Gedanken bildeten sich in meinem Kopf: „Möchte sie sich ausruhen oder hat etwa ihr letztes Stündlein geschlagen - und sollte ich sie dabei begleiten?"

Später - als ich schon im Garten frühstückte, während die Hummel immer noch auf den Terrassenplatten saß - kam mir die Idee, dass sie vielleicht ein wenig Zuckerlösung brauchen könnte, um sich wieder aufzupäppeln. Also bereitete ich eine Lösung aus Honig zu und träufelte ein wenig neben die Hummel, aber sie wehrte ab, indem sie mir ein Hinterbein entgegenstreckte.

Vielleicht nahm sie etwas Zuckerlösung zu sich, als ich sie einen Moment nicht beobachtete, denn das nächste Mal, als ich sie sah, befand sie sich etwa zwei Meter entfernt von dieser Stelle auf dem Rasen. Dort blieb sie - eingebettet in das grüne Gras - liegen.

Sie hätte hier die letzte Ruhe finden können. Doch der Campingplatzrasenmäher näherte sich lautstark unserem Garten. Ich nahm die Hummel auf einen Löffel und legte sie zwischen einige Muscheln ins Beet. So konnte der Rasenmäher ihr nichts anhaben.

Dort nahm sie wohl ihren letzten Atemzug. Ruhe in Frieden, dicker Brummer!

Das Erlebnis mit der wildlebenden Hummel, einem Teil der Natur, tat mir gut, ließ mich ein wenig mehr begreifen, *dass ich selbst ein Teil der Natur bin, und machte Gefühle meines inneren Kindes spürbar.*

Exkurs Qigong

Während eines Klinikaufenthalts lernte ich die Kunst des Qigongs kennen. Jeden Morgen trafen wir uns vor dem Frühstück und praktizierten circa 30 Minuten lang diese chinesische Meditations- und Bewegungsform, die mehrere tausend Jahre alt ist.

Mit sanften, langsamen, gleitenden Bewegungen geht es darum, den Qi-Fluss, also den Lebensfluss (Atem, Energie, Körpersäfte), im Körper zu harmonisieren, zu regulieren und auch zu aktivieren.

Wir übten 18 verschiedene Übungen wie zum Beispiel „Qi wecken", „Weitherzig sein", „Den Affen abwehren", „Rudern über den See" oder „Das Wasser schieben, um der Welle zu helfen".

Alle Übungen wurden entwickelt, um Menschen zu helfen, gesund zu bleiben oder zu werden.

Auf mich wirken die Übungen sehr harmonisierend und beruhigend.

Natureintrag 13 - August

Magische glitzernde Nordsee

Ich sitze auf meiner heißen Lieblingsbank. Ohne Tuch als Sitzunterlage würde ich mir die Beine verbrennen. Hitze liegt in der Luft, ein Flimmern, so als wolle das Universum die Energie in mir aufladen. Der Wind ruht sich aus, macht eine Pause. Selbst der Segler auf dem Meer hat die Segel eingeholt. Ruhe liegt in der Luft.

Der Wind der vergangenen Tage wehte viele gedankliche Zweifel um mich und blies sie weiter.

Vielleicht ist es an der Zeit, Neues zu wagen, zu erproben und an Neues zu glauben, mit dem Wissen im Hinterkopf, dass ich Neues wirklich glauben und fühlen muss, damit sich etwas in mir verändern kann.

Das Glitzern auf dem Meer wirkt magisch, ein breiter riesiger Glitzerteppich, so weit, so groß. Ich lasse die Weite in mein Herz und sauge das Funkeln auf.

In so einem Moment weiß ich, dass ich Kraft in mir habe und fühle sie. Eine funkelnde Kraft, die so einzigartig und besonders ist wie das Glitzern des Meeres, ebenso wie jeder einzelne Mensch.

Eine funkelnde Kraft, die mir wie ein Wunder erscheint.

Eine funkelnde Kraft, von der ich mich an-stecken lassen und mit der ich wachsen darf.

Möge ich dieses Gefühl länger in mir bewahren.

In der flimmernden, energiegeladenen Hitze kann ich es fühlen.

Ich schaue nach unten. Eine Heuschrecke badet zu meinen Füßen in der Sonne. Auch sie hat diese Kraft in sich, ohne darüber nachzudenken.

Die Heuschrecke lebt sie einfach.

Natureintrag 14 - August - etwas später am Tag
Glitzernde Schatztruhe

Ein zweites Mal an diesem heißen Tag sitze ich auf meiner Bank. Ich kann es einfach nicht lassen, mir das großartige Glitzern des Meeres - diese geöffnete Schatztruhe - anzuschauen.

Menschen, die vorübergehen, sehen mich auf meiner etwas zurückgesetzten Bank nicht sofort. So auch ein Mann, der sich allein wähnt und laut rülpst.

Ich tue schreibend und lasse ihn vorüberziehen. Es ist ja nicht so, dass ich menschliche Körperfunktionen nicht kenne. Mir wären sie an seiner Stelle peinlich und zudem betrachte ich sie viel zu leicht als Schwäche.

„Glitzernde Schatztruhe" hatte ich in mein Schreibheft geschrieben. Ich fange an zu grübeln.

Passt diese Überschrift jetzt überhaupt zu dem, was ich gerade schreibe?

Ich entscheide, dass sie passt. Ich entscheide zudem, dass ich mich nicht am Rülpsen störe.

Die Welt ist bunt und vielfältig in ihren Farben und in dem, was passiert, in jedem Moment.

Der rülpsende Mann ist eine Momentaufnahme des Hier und Jetzt, die zum Leben dazu gehört, vielleicht sogar das Leben selbst darstellt.

Ein Moment kann die Schönheit der Schatztruhe nicht verändern, dieser Schatztruhe, die das Universum für mich geöffnet hält und die mein Herz zum Überfließen bringt.

Ich schaue in die geöffnete Schatztruhe.

Alles ist ruhig, sanft und glitzernd.

Natureintrag 15 - August

Ein Morgen nur für mich

Diesen Text schreibe ich im Garten des Chalets nach meinen Erlebnissen am Morgen. Ich versetze mich in meine Erlebnisse und Gefühle und durchlebe den verbrachten Morgen im Chalet und am Meer noch ein weiteres Mal.

Heute Morgen stand ich um 7:15 Uhr recht früh auf. Eine Woche werde ich nun allein in Zoutelande verbringen. Ich bin gespannt, welche Gedanken und Gefühle sich zeigen werden.

Zuerst schrieb ich ein paar Zeilen in mein Morgenseitenheft (*Exkurs Morgenseiten S. 69*) zusammen mit einem mich begleitenden Espresso, um in den Tag zu kommen. Ich bemerkte meine Unkonzentriertheit. Immer wieder stockte es. Während ich normalerweise circa zwei Seiten am Morgen intuitiv schreibe und den Stift mehr oder weniger schreiben lasse, ließ ich mich von meinen Gedanken ablenken.

Doch ich wollte wieder in das Vertrauen kommen, das ich in den vorherigen beiden Tagen verspürt hatte.

So entschloss ich mich ein paar Runden EFT - die Emotion-Freedom-Technic - durchzuführen.
(*Exkurs EFT nächste Seite*)

 ## Exkurs Emotion-Freedom-Technic

EFT ist eine Methode, bei der bestimmte Akupressurpunkte in einer vorgegebenen Reihenfolge beklopft werden.

Dies kann helfen, Ängste und Zweifel zu lindern. In der Regel werden vier Runden durchgeführt, so lange bis sich eine Linderung der Symptome einstellt. Während des Klopfens werden Sätze gesprochen, die ein negatives Gefühl betreffen, beispielsweise:

„Auch wenn ich Angst vor … habe, liebe und akzeptiere ich mich so, wie ich bin."

Am Ende jeder Runde wird das Gefühl auf einer Werteskala von eins bis zehn (eins nicht vorhanden, zehn sehr stark) eingeschätzt.

Ich liege nach der vierten Runde meistens unter fünf.

Ängste und Zweifel, ob ich diesen Tag auch alleine genießen könnte, plagten mich. Tatsächlich fühlte ich mich nach vier Runden besser und machte mich fertig für einen kleinen Strandlauf (so lang und weit, wie es meine manchmal schmerzenden Hüften und Knie zulassen würden).

Gemächlich ging ich zuerst die lange Treppe zur Düne hinauf. Der Ausblick auf ein dunstiges Meer erwartete mich und war atemberaubend: das Meer bei Flut, ruhig und still, nur wenige Menschen unterwegs. Der Horizont war in ein blau-weiß-rosa getaucht. Vereinzelt fuhren Boote und Schiffe, die Spuren im Wasser hinter sich herzogen - sanfte Spuren wie durch trockenen Sand gezogen.

Ich stieg die steile Holztreppe zum Strand hinunter und lief circa 2,5 Kilometer auf Holzplanken am Strand entlang. Ich war froh, dass diese Planken dort als Strandweg liegen, sonst müsste ich bei Flut durch den tiefen Sand laufen, was wesentlich anstrengender wäre. Bei Ebbe kann ich auf festem Sand direkt am Flutsaum laufen.

An einem Strandpavillon bog ich in die Dünen ab und lief von dort in den Wald, der sich hinter den Dünen befindet. Immer stärker kam der Wunsch auf, schon hier draußen und nicht erst am Chalet Qigong zu üben.

Ich stieg die steile Betontreppe in Valkenisse zur Düne hinauf und ging weiter bis zur höchsten Stelle auf der Düne. Es gibt in den Niederlanden keine weitere Düne, die so hoch und dazu so breit ist. Mit 54 Metern ist sie die zweithöchste Düne, allerdings die höchste in ihrer Breite.

Dort fand ich den für mich heute geeigneten Platz für meine Übungen mit einer umwerfenden Sicht auf das Meer und Zoutelande in der Ferne. Diese Weitsicht war traumhaft. Einfach nur schön!

Die wärmende Morgensonne im Rücken, schaffte ich es, mich auf meine 18 Qigong-Übungen zu konzentrieren und mich nicht zu den wenigen Fußgängern im Rücken umzudrehen.

Die sanften Bewegungen in der Frühe erfüllten mich.

Ich ging zufrieden zum Chalet zurück, *mit der Gewissheit, gut für mich sorgen zu können.*

Ich freute mich auf das Aufschreiben dieser schönen Erfahrungen und setzte mich in den Garten des Chalets. Sonne, Heckenrosen, Bienen, Schmetterlinge und Vögel sorgten für ein schönes Ambiente.

 **Exkurs Morgenseiten**

Für mich sind Morgenseiten eine Meditation mit Stift. Ich schreibe frei und zügig zwei bis drei Seiten in mein dafür angelegtes Heft, jeden Morgen direkt nach dem Aufstehen.

Alle Gedanken, die sich in meinem Gehirn ihren Weg suchen, fließen ungefiltert auf das Papier. Ich entleere mein Gehirn.

Julia Cameron, die Erfinderin der Morgenseiten, sagt dazu in ihrem Buch „Der Weg des Künstlers", „dass die Seiten vor allem ein Tor zu einem starken und klaren Gefühl für das eigene Selbst sind", „eine Landkarte unseres Inneren" und „uns aus unserer Verzweiflung heraus und hin zur Veränderung führen".

Was ich in mein Heft schreibe, entsteht im jeweiligen Moment. Ich bewege einfach meine Hand und sie schreibt ins Heft.

Beispiel: „Ich bin so müde. Ich kann kaum gerade sitzen. Was soll ich jetzt denn schreiben? Mir fällt gar nichts ein. Hoffentlich werde ich heute noch wacher. Ich freue mich gleich auf meinen Kaffee …".

Wenn ich meine Morgenseiten nach etwa acht Wochen zum ersten Mal lese, ist es interessant zu sehen, wie ich mich weiterentwickelt habe.

Exkurs zu meiner Tagesroutine S. 169

Natureintrag 16 - August - später am selben Tag
Bunte Punkte am Strand

Ich sitze auf meiner Lieblingsbank am Dünenrand. Bei über 30°C scheint die Sonne heiß auf mich hinunter. Lange werde ich hier nicht sitzen können.

Schade, ich würde mich gerne länger hier inspirieren lassen, mich beseelen lassen und dieses Gefühl genießen.

Aus der Ferne dringen Kinderrufe an mein Ohr. Das Meer plätschert in seichten Wellen vor sich hin. Beruhigend!

Schaue ich von hier oben runter zum Meer, sehe ich viele bunte Punkte am weitläufigen, breiten Strand - i-Tüpfelchen auf meiner Seele. Sie bringen Farbakzente an den Strand, die bunten Sonnenschirme und die bunten kleinen Zelte in allen Farben - rote, blaue, grüne, gelbe, orangene, gestreifte, die vor Wind und Sonne schützen sollen.

Ein kleines Mädchen nascht Sanddornbeeren direkt von einem Strauch nicht weit von mir. Wieder bunte Punkte, leuchtende orangene Punkte, kleine orangene Kugeln. Ich lasse mich inspirieren und tue es ihr gleich. Das habe ich lange nicht mehr gemacht. Ich pflücke eine Hand voll Beeren und genieße jede einzelne. Erfrischend und angenehm säuerlich.

Die Sonne flimmert über dem Strand. Es flimmert in mir.

Nach circa zehn Minuten habe ich genügend Kraft der glühend heißen Sonne aufgesogen, der Sonne, die uns Leben einhaucht und uns genauso verbrennen kann.

Jeder Pol hat einen Gegenpol.

Natureintrag 17 - August

Kaffee auf meiner Bank - Gedanken-

chaos - Tabuthemen - ein

intensiver Morgen

Die Hitze hält an. Mit Kaffee und Schreibzeug ausgestattet, mache ich mich an diesem schwülen Morgen auf zu meiner Lieblingsbank. Sie ist nicht sofort frei, deshalb bin ich eine kleine Extra-runde gegangen.

Nun sitze ich hier und lasse meinen Blick weit über das diesige, glatte Meer schweifen. Ruhe liegt in der Luft. Ein goldener Streifen hat sich über den gesamten Horizont ausgebreitet, ist wunderschön anzusehen und verspricht, dass dies ein schöner Tag wird. Ich stelle mir vor, dass der Streifen nur für mich leuchtet, mir hilft, dass sich ein goldenes Licht in mir ausbreiten kann, an einem Morgen, an dem das Aufstehen wieder schwerer fiel.

Eine innere Einsamkeit war in mir aufgekommen, wohl die meines kleinen Mädchens in mir, und wollte sich Durchbruch verschaffen. Ich überwand mich, stand trotzdem auf und versuchte auszublenden, wel-ches Treiben ich in den benachbarten Chalets wahr-nahm, versuchte bei mir zu bleiben.

Meinen Ballast ließ ich bei einem ersten Espresso auf meinen Morgenseiten los. Danach fühlte ich mich etwas befreiter. Ich entschied, statt meiner Qigong-

Übungen chinesische Meridian-Dehnübungen durchzuführen (auch ein Überbleibsel meines jüngsten Klinikaufenthalts). Ich bemerkte, dass ich wieder steifer
war, und nahm mir ein regelmäßigeres Dehnen vor,
doch war sogleich kurz davor, mich auch von dieser
Beobachtung runterziehen zu lassen.

Nachdem ich mich fertig gemacht, Kaffee gekocht
und alles eingepackt hatte, zog ich los.

Chalet-Nachbarn saßen auf ihrer Terrasse. Ich er-
kundigte mich nach dem Wohlbefinden des Sohnes,
von dem ich wusste, dass er sich eine Verletzung am
Bein zugezogen hatte. Ich glaubte zu bemerken, dass
sie sich nicht wirklich trauten, mich nach meinem
Wohlbefinden zu fragen.

Wohlgemerkt: Ich glaubte dies nur, ich wusste es
nicht! Ich meinte eine Unsicherheit in ihnen zu spüren,
wie sie mir begegnen könnten, möglicherweise
dadurch begründet, dass sie von meinem Klinikaufenthalt wussten und ich nun vor ihnen stand. Das ging
zumindest durch meinen Kopf, doch musste nicht
wahr sein.

Unabhängig davon begegne ich Hemmungen dieser
Art mir gegenüber häufiger. Für viele Menschen ist es
nicht einfach, offen mit psychischen Erkrankungen
umzugehen. Das macht Depressionen und andere
psychische Erkrankungen zu Tabuthemen.

Davon kann ich mich selbst nicht ausschließen, obwohl ich mir Offenheit und Tabulosigkeit sehr wünsche. Ich gerate selbst oft genug ins Schlingern und
Stottern oder schäme mich für meine Erkrankung, vor

allem, wenn ich nicht genau weiß, wie viel Offenheit mein Gegenüber verträgt, wenn ich eben meine zu spüren, dass mein Gegenüber sich unsicher fühlt.

Fakt ist, dass die Nachbarn sich **nicht** nach meinem Wohlbefinden erkundigten, und ich es mir anscheinend gewünscht hätte.

Fakt ist auch, dass viele Menschen wenig über psychische Erkrankungen wissen, bzw. über ein Halbwissen - häufiger gespickt mit Vorurteilen - verfügen.

Ein weiterer Umstand, der mich schnell unsicher werden lässt. Denn was könnten die Nachbarn über mich denken? Dabei bin ich es, die sich darum Gedanken macht und nicht meine Nachbarn.

Was zählt, ist, dass ich jetzt hier auf meiner Bank sitze und meinen Morgenkaffee mit diesem fantastischen Ausblick genieße. Eine leichte Brise weht mir den Duft des Meeres in die Nase. Jetzt hier sein zu dürfen, macht mich dankbar. Ich nehme den süßlich-sauren Duft der Sanddornbeeren, die hinter mir an den zahlreichen Büschen hängen, wahr. Die Beeren sind reif. Ich könnte später eine Dose mitnehmen, um mir welche für mein Morgenmüsli zu pflücken. Das werde ich auf meine „To-enjoy-Liste-Zoutelande" setzen - eine Liste mit Dingen, die ich für mich tun möchte.

Wie schnell meine Gefühle doch umschwenken können. Die Natur hat einen maßgeblichen Anteil daran. Jetzt gerade fühle ich mich von einer universellen Kraft unterstützt, *fühle mich nah bei mir.*

Aus dem Dunst erscheinen, nahezu gespenstisch, aber auch mächtig und gewaltig, heute eher majestätisch zwei Schiffe und ziehen vorbei, genauso wie es meine schwereren Gedanken taten.

Ein Pärchen geht vorbei und küsst sich zehn Meter weiter. Ich fühle, dass ich diese Nähe zu meinem Mann ähnlich empfinde und wie gerne ich ihn doch küsse.

Ein schönes Gefühl, welches ich mir gerne bewahren würde, da ich es so eher selten fühle. Ich freue mich, dass ich dieses Gefühl zulassen kann, obgleich es doch in seiner Abwesenheit aufkommt.

Meine Finger fangen an, leicht zu kribbeln. Mein Körper braucht Energie in Form von Nahrung und ich mache mich auf den Rückweg für mein Morgenmüsli.

Ein intensiver Morgen.

Natureintrag 18 - August - später am selben Tag
Hitze, Möwen und Urteile über andere

Ich sitze auf einer Bank direkt am Strand vom Zoutelander Dorf. Die Sonne brennt.

Die Möwen streiten sich um Reste, die sie am Strand finden. Sie bekommen sofort mit, wenn ein Mensch die Absicht hat, sie zu füttern - wirklich sehr bedürfnisorientiert.

Ich esse ein Eis im Hörnchen und kaum bin ich bei den letzten Krümeln angekommen, nähert sich mir in weiser Voraussicht eine Möwe. Ich muss sie enttäuschen. Das wilde Flattern um meine Ohren und die Angst von Möwenexkrementen getroffen zu werden, sind nicht gerade das, was ich mir von einem entspannten Strandtag erhoffe.

Es dauert einige Minuten, bis sie versteht, dass bei mir nichts zu holen ist, und sich wieder von mir entfernt.

Da Ebbe ist, liegen und sitzen hier viele Menschen am Strand. Sonst ist das an dieser Stelle nicht möglich. Bei Flut reicht das Wasser bis an den geteerten Deich. Die Menschenmenge, hier in Zoutelande, der Zeeuwsen Riviera Zeelands, ist überschaubar trotz der Hitze.

Der Strand bei Zoutelande, durchgehend von der Windorgel in Vlissingen bis zum Radarturm in Westkapelle, wird auch als Zeeländische Riviera bezeichnet, da es in diesem Bereich die meisten Sonnenstunden in den Niederlanden gibt.

Ich beobachte die Menschen am Strand, wie sie dort liegen, viele nicht mehr so, wie sie geboren wurden in ihrer Ursprünglichkeit, mit ihrem natürlichen Gewicht, sondern durch äußere Lebensfaktoren stark verändert. Ich sehe Gegensätze - dünn, dick - stramm, schwabbelig - glatt, faltig. Die Menschen zeigen sich so, wie sie sind, bekleidet mit knappen Bikinis und Badehosen.

Ich staune. Sie trauen sich das und lassen sich nicht von einer negativen Wahrnehmung auf sich selbst einschränken. Es scheint so, als würden sie zu ihren Körpern stehen, wenn sie sich offen in die Sonne legen, um sich von ihr wärmen und bräunen zu lassen. Sie wirken entspannt.

Genau so ist es wünschenswert, dass man die Sonne genießt und sich in seinem Körper wohlfühlt.

Ich bewundere das sehr. Ein Wohlfühlgefühl in und mit meinem Körper zu haben, gehört zu meinen Lernaufgaben. Ich neige dazu, meinen Körper mit seinen „unperfekten Stellen", von denen ich weiß, dass sie jeder Mensch hat, zu verurteilen.

Wenn Menschen sich selbst verurteilen, sind sie schnell dabei, andere Menschen zu be- und zu verurteilen. Davon nehme ich mich nicht aus. Das ist ein ernst zu nehmendes, gesellschaftliches und soziales

Problem. Manchmal kommt es mir auch wie eine Seuche vor, die sich durch unsere Gesellschaft zieht. Ist es doch so einfach, sich auf andere zu konzentrieren, von seinen eigenen Gefühlen abzulenken und die Schuld beim anderen zu suchen.

Wer bin ich denn, wer sind wir denn, dass wir das tun?

Es steht doch niemandem zu, sich ein Urteil über andere zu bilden. Häufig können wir mit uns selbst nichts anfangen, bleiben an der Oberfläche, statt nachzudenken und tiefer zu fühlen. Haben Angst genauer hinzugucken, was mit uns selbst los ist, denn die Beschäftigung mit anderen ist viel einfacher als die Auseinandersetzung mit sich selbst.

Dabei hat alles, was uns in irgendeiner Form berührt, sei es positiv oder negativ, meist etwas mit uns zu tun.

Was mich trifft, betrifft mich.

Diese Prozesse in uns legen ein schnelles Tempo vor - da ein kritischer Blick, ein negativer Gedanke und da schon wieder, häufig genug unbemerkt und unbewusst. Je unbewusster ich bin, desto schwieriger ist es, etwas an mir, etwas an meinem Verhalten zu ändern. Ich bemerke es nicht.

Ich kann mich selbst fragen, was mich dazu verleitet, so zu denken oder auch zu reden.

Ich kann versuchen, bei mir zu bleiben. Das setzt voraus, dass ich gut für mich sorge und in mich hineinspüre, was ich brauche.

Ich kann und möchte versuchen, mehr im Jetzt zu bleiben, dann ist jeder Blick einfach ein flüchtiger Moment und kann nicht so leicht anhaften.

Moment für Moment für Moment.

Ich schaue einfach nur, ohne zu bewerten.

Geht das überhaupt? Lohnenswert ist das allemal, ein lebenslanger Lernprozess.

Weniger anhaftend mache ich mich auf den Heimweg zum Chalet.

Natureintrag 19 - August

Gesunder Schlaf und Dankbarkeit

      Wieder sitze ich auf meiner Lieblingsbank. Schon um 11:35 Uhr schlägt die Hitze gnadenlos zu, trotz der kühlen Nächte des Spätsommers.

Meine Nacht war unruhig. Ein Albtraum, in dessen Mittelpunkt ein Amokläufer stand, plagte mich, obwohl ich gerade versuche, eine Abendhygiene für einen gesünderen Schlaf aufzubauen, indem ich einige neue Verhaltensweisen in mein Abendprogramm integriere.

Zwei bis drei Stunden vor dem Schlafen möchte ich nichts mehr oder nur sehr wenig essen, sodass sich meine Verdauungsorgane erholen können. 45 Minuten vor dem Schlaf möchte ich nicht mehr auf Bildschirme schauen. Ich möchte wertschätzende Gedanken und Dankbarkeit für den hinter mir liegenden Tag aufschreiben. Nach einem eventuell aufwühlenden, spannenden Film, Buch oder Gespräch möchte ich den Abend mit einer Meditation für einen gesunden Schlaf abschließen. Vor allem Letzteres ist eine anstehende Aufgabe und ein möglicher Weg, um vielleicht auf sieben Stunden Schlaf kommen zu können.

Ich werde versuchen, diese Verhaltensweisen in mein Leben zu integrieren. Und ich weiß, dass das keine einfache Aufgabe ist, kenne ich doch meinen hohen Anspruch an mich selbst und meine Selbstverurteilung, falls ich scheitere.

In jedem Fall möchte ich Milde walten lassen. Milde und Mitgefühl für mich selbst pflegen.

Jetzt bin ich hier und genieße die hellblaue Weite des ruhigen Meeres.

Ich fühle Dankbarkeit für all das, was ich heute schon für mich gemacht habe, dass ich es trotz der unruhigen Nacht geschafft habe, zeitig aufzustehen, den Morgen erneut mit meinen Morgenseiten, Joggen am Strand und Qigong auf der hohen Düne zu beginnen und schließlich diese Zeilen zu schreiben.

Anscheinend hat sich in mir eine Routine etabliert. Eine Morgenroutine, die zur Gewohnheit wurde, weil ich sie oft genug durchgeführt habe. Eine Morgenroutine, die mich und mein Gehirn entlasten kann, mir Sicherheit gibt, weil ich nicht ständig neue Entscheidungen treffen muss (*Exkurs zu meiner Tagesroutine S. 169*).

Das Schönste für mich ist allerdings, nun hier zu sitzen und diese hellblaue Weite zu bewundern.

Es braucht nichts Weltbewegendes, um sich gut zu fühlen.

Natureintrag 20 - August - am Abend

Sonnenuntergang

Ich habe es geschafft, mich alleine an den Strand aufzumachen. Anstelle eines Online-Seminares, eines Buchs oder Films entschied ich mich für den Sonnenuntergang am Strand. Geschafft?

Ja, wirklich geschafft!

Ich bin stolz auf mich, denn ich muss mich überwinden, abends alleine loszugehen, auch wenn es nur um die fünf Minuten zum Strand geht. Unterschiedliche Gedanken und Gefühle spielen dabei eine Rolle und wirken in mir, z.B. die Bequemlichkeit, auch gepaart mit der Angst, meine persönliche Komfortzone, d.h. die Sicherheit des Chalets zu verlassen und möglicherweise auf andere Leute zu treffen oder irgendeinen Kontakt aufbauen zu müssen. Es ist einfacher, sich einem eher depressiven Gedankengut hinzugeben und nichts zu machen.

Dann begleiten mich Gedanken wie: „Einen Sonnenuntergang genießen? Das geht doch nur zu zweit." Es sind Stimmen in mir, die mir weismachen wollen, dass ich einen Sonnenuntergang allein nicht schön finden kann und daher auch gleich zu Hause bleiben könnte.

„So ein Quatsch", sagte ich mir laut. Das half, doch ich musste es mir mehrfach sagen, um mich aufzuraffen. Und ist es nicht so, dass ich einen Sonnenuntergang zu zweit sogar intensiver genießen kann, wenn mir das auch allein gelingt?

Genuss, Selbstliebe – alles fängt bei mir an.

Jetzt sitze ich hier auf meinem Strandstuhl und schaue mir meinen ersten Sonnenuntergang in diesem Jahr an. In Zoutelande geht die Sonne über dem Meer unter. Die Wellen plätschern leise vor sich hin. Ich genieße die Ruhe. Der orangene Feuerball lässt sein Licht strahlen. Vor meinen Augen erscheinen Punkte, weil ich zu lange ins goldene Licht schaue. Ein riesiges Schiff schiebt sich vor die Sonne, der Feuerball direkt über dem Schiff, was für ein Anblick! Ein Gemälde!

So, nun genieße ich tatsächlich, vollkommen pur. Jetzt bin ich wirklich allein, denn mein Handy-Akku hat sich verabschiedet. Mein treuer digitaler Begleiter wandert in die Tasche. Ohne jede Ablenkung schaue ich zu, wie der nicht mehr orangene, sondern rote Feuerball ohne eine Wolke, die sich vor ihn setzen könnte, klassisch im Meer versinkt. Unglaublich schön! Für diesen wunderschönen Anblick muss ich nicht an ferne Meere reisen, den habe ich hier.

Ich fasse zusammen: *Ich kann allein an den Strand gehen, den Sonnenuntergang genießen und so viel mehr. Voraussetzung ist, dass ich beständig übe und meine mentalen Grenzen überwinde.*

Natureintrag 21 - August

Unwahre Gedanken – Gedankenspirale –

Herz über Kopf

Ich sitze in der Nähe eines kleinen Leuchtturms bei Dishoek auf einer Bank. Mein Blick schweift über die milchig blaue Nordsee. Das Meer hat heute etwas Sanftes, Schwebendes, wie das Meer der Augsburger Puppenkiste. Die Sonne brennt, mein Schweiß läuft, obwohl ich extra langsam gegangen bin.

Heute Morgen brauchte ich nach den Morgenseiten und EFT einen langen Strandspaziergang, um wenigstens ansatzweise bei mir ankommen zu können. Wirklich gelungen ist mir das noch nicht.

Was war der Auslöser? Ich fühlte ein Unbehagen unseren niederländischen Nachbarn gegenüber. Statt bei mir zu bleiben, begab ich mich in eine Gedankenspirale, die mich hinunterzog.

 Exkurs Gedankenspirale

Was genau ist eine Gedankenspirale?
Wie entsteht sie?

Eine Gedankenspirale beginnt mit kreisenden Gedanken wie in einem Karussell. Gedanken wie: „Was denken andere über mich?", „Was wäre, wenn …?", „Was stimmt nicht mit mir?" etc. fangen an, sich im Kopf zu drehen. Es kommen ständig neue Gedanken hinzu, sie werden intensiver, werden zu negativen

Gefühlen, die sich mehr und mehr in mich hineindrehen und festigen. Je mehr ich mich dort hineinbegebe, mich in meine Gedanken hineinsteigere, desto schwerer fällt es mir, wieder hinauszukommen.

Heute Morgen kreisten Gedanken in meinem Kopf, in denen es um die Pflege unseres Chalet-Gartens ging. Unsere direkten Nachbarn könnten denken, dass ich unseren Chalet-Garten nicht ordentlich genug pflege. Ich beobachtete sie, wie sie ihren eigenen Garten betrachteten, bildete mir anhand ihrer Mimik, ihres Handelns ein, dass sie mich eigentlich dazu auffordern wollten, mit der Gartenarbeit loszulegen.

Ich unterstellte ihnen, dass sie negativ über mich denken, mich nicht mögen und fühlte mich dadurch extrem unwohl. Ich weiß nicht, ob ich mit diesen Gedanken richtig liege, und die Nachbarn haben mir gegenüber auch nichts davon geäußert. In dem Moment ist das egal, weil es sich für mich real anfühlt - eine verzerrte Wahrnehmung.

Wenn ich mir - eine Zeit lang später - meiner unbewussten Gedanken bewusst werde, verstehe ich, dass diese Gedanken mit mir selbst zu tun haben, mit meinen in frühester Kindheit gebildeten Glaubenssätzen.

Glaubenssätze wie: „Du bist nicht gut genug. Du verhältst dich falsch. Du bist nicht richtig."

Gedanken und Ängste, die durch eine starre, eher preußisch orientierte Erziehung geformt wurden, die vor allem von Kritik und mangelnder Wertschätzung geprägt war, und sich dadurch früh in mir manifestierten.

Diesen Ängsten bin ich nicht hilflos ausgeliefert, es fühlt sich in diesen Momenten nur so an (lies dazu auch NE 9). Allerdings ist es eine Herausforderung, meine Werkzeuge zur Transformation der Glaubenssätze in so einem Moment anzuwenden.

Ich gab mich also einem unwahren Gedanken hin, glaubte etwas zu erkennen, was ich eigentlich nicht wusste, ließ mein Hirn machen, was es wollte. Das verunsicherte mich so stark, dass ich genau überlegte, wann ich am Chalet der Nachbarn vorbeigehen könnte, um ihnen nicht zu begegnen. Klingt ziemlich verrückt, so eine selbst zugefügte Einschränkung in meinem Leben. Klar, dass solche Gedankengänge sehr anstrengend sind.

So sitze ich nun schweißgebadet auf dieser Bank und atme den Duft der frischen Meeresbrise ein. Ich atme tief bis in den Bauch und in das Gesäß hinein. Die Meeresluft hat etwas Reinigendes und tut mir gerade sehr gut.

Ich sitze, schaue, schreibe und beruhige mich langsam, bevor ich mich auf den Heimweg ins Chalet mache.
Natur und Schreiben, meine wertvollsten Hilfsmittel!

Vier Kilometer habe ich vor mir bis zum Chalet. Vier Kilometer, um noch mehr bei mir anzukommen.

Los geht's!

Auf meinem Rückweg blitzen sie immer wieder auf: die unguten, störenden Gedanken.

Irgendwo habe ich mal gelesen, dass ich sie mir durch ein Schnipsen oder innerliches „Stopp sagen" bewusster machen könnte. Das probiere ich aus. Als ich durch einen kleinen Wald komme, entdecke ich ein Herz in einem Holzstamm.

Wie oft bin ich hier schon entlang gegangen? Erst an diesem Tag sehe ich das Herz und freue mich - ein Wegweiser, ein Zeichen.

So entsteht in mir die Idee, bei jedem aufkommenden, störenden Gedanken *„Herz über Kopf"* zu sagen.

Und ich sage es unzählige Male. Immer wieder schießen meine Gedanken quer. Ich weiß nicht mehr, wie oft ich den Spruch auf dem Weg wiederholte. Fest steht, dass es sehr oft war.

Ich bin froh, dass ich einen achtsamen Blick für diese Art von Zeichen habe. Sie unterstützen mich und tun mir gut.

Und siehe da: Die niederländischen Nachbarn winken mir bei meiner Ankunft am Chalet freundlich zu, freuen sich über ihren Enkel auf dem Arm und rufen mir „goed smakelijk" (Guten Appetit) zu.

Sie ahnen wohl, dass ich nun frühstücken werde.

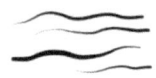

Natureintrag 22 - August - später am selben Tag
Ermattet wie ein Krokodil - Eis hilft

immer - Gedanken - Möwen

Ich sitze auf einer Bank im Zoutelander Dorf direkt auf der Promenade mit Blick auf das Meer, eine Kugel Eis im Hörnchen. Bevor ich hierherlief, habe ich geduscht, da ich so verschwitzt war bei 32°C. Der Wind besteht lediglich aus einem Mini-Lüftchen.

Vor mir am Strand liegt ein von der Sonne ermattetes Krokodil, kunstvoll in Lebensgröße aus Sand modelliert. Ermattet fühle ich mich schon den ganzen Tag. Der Schweiß läuft beim Nichtstun. Ich schaue einfach.

Bei Ebbe sind nur wenige Menschen im Wasser. Ein kurzer Gong der Catharinakerk ertönt - 18:30 Uhr. Ich genieße mein Eis.

Dienstags ist in Zoutelande während der Hochsaison Markt. Auf dem Weg hierher bin ich kurz über diesen Markt geschlendert. Mich interessierte nichts, denn ich fühlte mich selbst zum Einkaufen zu schlapp. Ich wollte nur nochmal nach draußen, einfach unter Menschen sein und für diese Kugel „Zoutelande Ijs" - Karamelleis mit leichtem Salzgeschmack - lohnte sich der Gang in jedem Fall.

Nun habe ich noch zweieinhalb Tage für mich, bis mein Mann nach Zoutelande zurückkehrt.

Doch ich bin stolz auf mich, dass ich die Zeit so gut für mich nutzen konnte und für mich gesorgt habe.

Die Tiefs hielten sich in einem zu bewältigenden Rahmen und ich fühle mich ganz gut bei mir.

Natur und Gedanken, diese gesunde Mischung, diese wechselseitige Beziehung tat und tut mir gut.

Eine Möwe stürzt sich auf ein Wasserloch am Strand und trinkt gierig von dem Salzwasser. Erstaunlich, dass Salzwasser ihren Durst löschen kann, eine so praktische Einrichtung der Natur. Vielen Seevögeln bleibt nichts anderes übrig, als Salzwasser zu trinken, um so ihren Flüssigkeitsbedarf zu decken. Glücklicherweise können sie das Salz, das sie nicht benötigen, über ihre Salzdrüsen ausscheiden.

Meinen Durst lösche ich lieber gleich zu Hause im Chalet und mache mich im Schneckentempo auf den Rückweg.

Natureintrag 23 - August

Frei – unfrei – Herz über Kopf – Angstbewältigung

Heute sitze ich wieder - na, was glaubst du? - auf meiner Lieblingsbank.

Die Strahlen der Sonne brechen sanft, noch vorsichtig durch die Wolken und schenken der Wasseroberfläche das Glitzern, das ich so liebe. Es ist angenehm, hier zu sitzen, denn es ist 10°C kühler als gestern mit einer erfrischenden Meeresbrise und rauschenden Wellen. Es tut gut, jetzt hier zu sein, mir den Wind um die Ohren blasen zu lassen, mich von meinen Gedanken zu befreien, die mich vorhin im Chalet noch belastet haben.

Wieder habe ich mich abhängig gemacht von den Blicken und Handlungen meiner niederländischen Nachbarn. Ich sah, dass sie im Garten und auch von ihrer Seite aus an unserer gemeinsamen Hecke arbeiteten, und sofort beschlichen mich meine unguten Gedanken, bekam ich ein schlechtes Gewissen.

Die Gedanken schossen wie ein Überfallkommando auf mich ein: „Ich mache nichts. Sie könnten ja denken, dass ich faul sei. Und ja, bin ich sogar! Ich habe keine Lust, jetzt was im Garten zu machen. Bei uns ist so viel Unkraut (dabei finde ich das Grün sehr nützlich für Insekten und teilweise auch schön). Die reden jetzt bestimmt schlecht über mich. Und wie soll ich sie auch ansprechen? Ich kann ja so gut wie kein Niederländisch sprechen."

Ach Cathrin, lass sie doch denken, was sie wollen. Was stört es dich? Was geht es dich an? Eigentlich nichts, oder? Du weißt doch, dass diese Ängste nicht deine sind, sondern die der kleinen Cathrin. Der kleinen Cathrin, die Angst davor hat, etwas nicht richtig zu machen, Fehler zu machen, weil sie meint, so nicht geliebt zu werden. Da kann ich nur sagen:

„Herz über Kopf!" Lass die Liebe in dein Herz fließen! Versuche die Gedanken und Gefühle der kleinen Cathrin loszulassen!

Im besten Fall nehme ich meine Ängste an.

„Es ist okay, dass ihr da seid!"

Ich kann in ein Zwiegespräch mit meinen Ängsten gehen, mündlich oder schriftlich, um sie zu entkräften, ihnen ihre Macht zu nehmen. Dies ist eine Möglichkeit, mich meinen Ängsten zu stellen, die ich als sehr hilfreich empfinde. Eine andere Möglichkeit ist die Vorstellung, meine Angst an die Hand zu nehmen wie ein Kind, um sie mit mir zu nehmen. So kann ich es schaffen, sie irgendwann loszulassen.

Jetzt nehme ich dich, kleine Cathrin, liebevoll auf meinen Schoß, schließe dich in meine Arme und genieße zusammen mit dir das Meer.

Exkurs Inneres Kind

Das innere Kind ist der Teil in uns, der unserem wahren Sein, unserem Wesenskern am nächsten ist, der authentisch ist und der mit unserer Seele verbunden ist.

Das innere Kind ist immer da, auch wenn wir erwachsen sind, denn unsere Kindheit prägt unser späteres Leben, bestimmt unsere Persönlichkeit und unser Selbstwertgefühl als Erwachsene. Die negativen, häufig traumatischen Erfahrungen, die unschönen Erlebnisse, belastenden Emotionen, die wir als Kind erlebt und gefühlt haben, bleiben tief in uns verwurzelt und können unbewusst unser erwachsenes Leben stark beeinflussen und kontrollieren.

Doch es gibt nicht nur die verletzten Kinder in uns, es gibt auch die glücklichen inneren Kinder.

Überwiegen die negativen Erfahrungen, werden die glücklichen Erfahrungen von diesen überlagert. Dann geht es darum, das verletzte Kind in uns zu heilen, es zu trösten, es zu lieben und mit ihm in den Frieden zu treten, um unser vollständiges Potential leben zu können.

Hilfreich sind dabei Kurse, Meditationen, Anleitungen, um mit dem inneren Kind in Kontakt zu kommen. Diese Hilfsmittel können deutlich machen, in welchem Alter der Entwicklung die Verletzung am größten war, und unterstützen dabei, das innere Kind nach und nach zu heilen und in das jetzige Leben zu integrieren.

Mir persönlich hilft eine Kombination aus Wissen und Meditationen sowie Dialoge - schriftlich und mündlich - mit meinem inneren Mädchen.

Natureintrag 24 - August

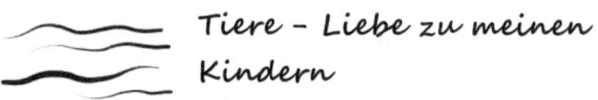

Meeresfarben – Seehundwetter – freie Tiere – Liebe zu meinen Kindern

Ich sitze auf meiner Bank. Heute treibt der Wind viele Wolken übers Meer und ich erfreue mich an den Kuhflecken.

Ich sehe so viele Farben. Als Malerin hätte ich ein Problem, diese ganzen Farbnuancen zu mischen. Mit meinen bloßen Augen sehe ich ein Oliv- bis Lindgrün, schwarze Flecken, weiße Schaumkronen, ein Ockergelb und rötliches Braun, das silbrige Glitzern nicht zu vergessen. Ein sich ständig veränderndes Farbspiel. Faszinierend! Veränderung und kein Stillstand!

Bei solch einem hohen Wellengang sage ich ab und an: „Das ist kein Seehundwetter." Denn Seehundköpfe zwischen hohen Wellen zu entdecken, ist eine Kunst. Den Seehund an sich werden diese kaum stören. Er fühlt sich auch tiefer im Gewässer wohl und in den Wellen sicherlich auch. In der letzten Woche mit wenig Seegang habe ich trotzdem keinen einzigen Seehund gesehen.

Immer wenn ich im Meer eine Robbe oder einen Seehund entdecke, lässt das mein Herz aufleuchten. Genauso, wenn ich die Rehe in den Dünen oder die Eisvögel zu Hause sehe. Es ist zum Teil deren Freiheit, die mich anspricht. Noch mehr ist es das Entdecken, das Finden der Tiere in freier Wildbahn. Ich empfinde es als Geschenk, einen offenen Blick für besondere

Tiere zu haben, sie als Zeichen des Universums sehen zu können. Mir wird warm ums Herz bei diesen Gedanken. Bestimmte Tiere wirken dann wie Krafttiere auf mich, auf deren Bedeutung ich später in diesem Buch eingehe (*Exkurs Krafttiere S. 149*).

Jetzt bei Flut sehen die großen Strandpalen (die Holzpflöcke, die Wellenbrecher am Strand) tatsächlich wie Seehunde aus, da ihre obersten Enden wie Köpfe von Seehunden ins Meer ein- und auftauchen. Also doch Seehundwetter!

Bisher habe ich heute noch kein für mich besonderes Tier in freier Natur entdeckt und trotzdem ist mir sehr warm ums Herz.

Ich habe am Morgen ein längeres Telefonat mit meinem ältesten Sohn geführt. Während des Gesprächs fühlte ich so viel Liebe für ihn. Nach dem Auflegen wurde mir bewusst, wie selten ich ihm meine Liebe deutlich mache, indem ich diese direkt äußere. Meine Sinne scheinen gerade ziemlich geschärft zu sein.

Habe ich ihm jemals gesagt, dass ich ihn liebe? Mit diesen drei Worten? Ich weiß es nicht.

„Ich liebe dich!" Diese drei Worte auszusprechen, fällt mir schwer, obwohl ich die Liebe zu allen meinen Kindern stark fühle. Worte, die mir Probleme bereiten, mir Angst machen, meine Zunge blockieren. Mein Mund, der sich nicht öffnet und verschlossen bleibt.

Als ich das heute Morgen nach dem Telefonat bemerkte habe, so bewusst spürte, hat mich das traurig gemacht. Ein Schmerz überkam mich und ließ meine Tränen fließen. Jetzt beim Schreiben rühren mich diese Gedanken wieder an. Ich weiß, dass diese Traurigkeit, dieser Schmerz zur kleinen Cathrin in mir gehört.

Ich nehme sie in die Arme, halte sie, tröste sie und schenke ihr meine Liebe, soweit mir das möglich ist. Die Ängste davor, Worte der Liebe zu äußern, bleiben dennoch bestehen. Ich kenne sie. Sie sind ein Teil meines Entwicklungstraumas, gehören zu meiner Geschichte und fußen u.a. auf dem Glaubenssatz:

„Du musst still sein, sonst wirst du nicht geliebt."

Gerade breitet sich eine dunkle Wolkendecke über dem Meer aus - passend zu meiner Traurigkeit. Schön zu wissen, dass die Sonne sich direkt dahinter befindet und ein Wolkenloch finden wird.

Ich möchte lernen, diese Ängste anzunehmen und mich zu trauen, von ihnen zu erzählen, um Worte der Liebe äußern zu können, wann immer ich sie fühle - und bei diesem Gedanken blitzt tatsächlich die Sonne durch die Wolkendecke.

Danke Universum! Mit der Zeit werden meine Ängste weicher werden.

Die Liebe zu meinen Kindern - zu allen dreien - ist etwas ganz Besonderes und Bleibendes. Ich empfinde sie als bedingungslos, gegeben und unverrückbar. Sie ist einfach da. Trotzdem war ich im Laufe der Entwicklung meiner Kinder, als sie aufgewachsen und älter geworden sind, geplagt von Zweifeln und Gewissensbissen, ob ich sie richtig erziehe, ausreichend für sie da bin oder ihnen meine Liebe genügend zeige.

Ich glaube und hoffe, dass meine Kinder meine Liebe gespürt haben und heute spüren, auch ohne viele Worte.

Mir kommt eine Idee in den Sinn, den dreien persönliche Briefe zu schreiben über ihre Geburt, ihr Aufwachsen und die Wunder, die ich in ihnen sehe. Schriftlich kann ich das besser als mündlich.

Heute Morgen habe ich einen Anfang gemacht und meinem Sohn gegenüber nach unserem Telefonat meine Liebe geäußert, wenngleich als Textnachricht. Er hat geantwortet, hat sich über die Nachricht gefreut und meine Liebe erwidert.

Manchmal weiß ich nicht, was ich eigentlich erwarte. Habe ich etwa geglaubt, dass er nicht so empfindet? Schon verrückt, welche Hirngespinste in mir ablaufen. Ich wette, das sähen meine Kinder ähnlich, und sie würden vermutlich sagen:
   „Ach Mama!"

Was ein bewegender Tag!

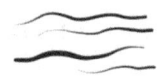

Natureintrag 25 - August

Herzklopfen – ein Auf und Ab der Gefühle – Annehmen meiner Angst

Ich sitze auf meiner Bank in aufgeregter Erwartung. Mein Herz klopft. In etwa einer Stunde erwarte ich meinen Mann hier in Zoutelande zurück. Meine Woche mit mir ist um. Leider? Nein, ich freue mich auf meinen Mann, doch gleichzeitig habe ich Angst.

Heute fasziniert mich der Himmel. Die Wolken formen fedrig leichte Muster. Im Gegensatz zu mir. Diese Leichtigkeit des Wolkenspiels kann ich gerade nicht empfinden. Stattdessen bin ich durchdrungen von Unruhe.

Schön, dass ich hier sitzen kann, um ein bisschen runterzukommen. Meer und Himmel dürfen auf mich wirken.

Ich frage mich, was mich so unruhig macht. Spontan fällt mir darauf keine Antwort ein, daher will ich nachdenken.

Nach einer Woche mit mir allein, das heißt nur mit den Zwiegesprächen mit mir selbst (außer dem Grüßen anderer Leute), ist es eine Herausforderung für mich, wieder in den direkten Kontakt zu treten.

War die Vorbereitung des kleinen Vier-Gänge-Menüs für heute Abend aufregend für mich? Nein, es bereitete mir Freude, alles so gut vorzubereiten, dass genügend Zeit für Gespräche bleiben wird.

Wie werde ich auf meinen Mann reagieren? Stelle ich mir diese Frage, bemerke ich aufkommende Ängste. Angst, wieder leicht in alte Verhaltensmuster zu verfallen, möglicherweise zu schnell in die Kritik zu gehen, zu schnell meine eigenen negativen Gefühle auf ihn zu projizieren, anstatt liebende Gefühle für ihn wahrzunehmen.

Angst und Unruhe, die direkt heute Morgen da waren, kombiniert mit dieser ewigen, ziemlich starken Selbstkritik. Das lasse ich jetzt hier mal so stehen.

Ich glaube, dass sich gerade eine „altbewährte Angst", eine Angst vor der Angst, zeigt. Eine Angst, die wieder und wieder auftaucht, eine Dauerbegleiterin. Die Angst, nicht genug lieben zu können, die ich bereits zur Genüge kenne und die mir wiederum Angst macht. Sie nimmt mir die Luft zum Atmen (siehe auch NE 34).

Ja, sie ist jetzt da und ich habe bereits alles mir Mögliche ausprobiert, um sie zu lindern (Morgenseiten, EFT, Laufen am Strand).

Ich bemerke beim Lesen dieser Zeilen, dass da noch ein Funken von „Angst weghaben wollen" in mir ist. Klar, dass sie dann eher dableibt. Jeder Druck nährt die Angst. Ich spüre sie körperlich und emotional. Sie schnürt meinen Hals zu, schlägt mir auf den Kreislauf und lässt meine Tränen laufen.

Ich sitze einfach und atme. Schaue ich in die fedrigen Wolken, spüre ich, wie es weicher in mir wird. Ich beginne langsam, ganz langsam, die Situation anzunehmen, wie sie ist.

Meine Angst darf da sein.

Ich lege meine rechte Hand auf mein Herz, die linke darüber. Ihr seid okay, ihr aufgeregten Gefühle! Ihr dürft da sein. Ich möchte euch vollständig annehmen. Und während ich das sage, nehme ich die Weite des Meeres in mich hinein, sauge sie förmlich auf.

Wie ein Vertrauen wirkt das Meer auf mich, ein Vertrauen, in das ich hineinspüren darf, das ich noch zu wenig kenne, *das in mir wachsen darf.*

Mit diesem Hauch von Vertrauen gelingt es mir, meine verwirrten Gefühle wegen der Ankunft meines Mannes leichter werden zu lassen.

Ich bin ruhiger und beginne, mich zu freuen. Ich weiß, dass ich meinem Mann von diesen Gefühlen erzählen kann, weil wir ehrlich zueinander sind oder es zumindest versuchen. Auch dieser Gedanke beruhigt mich.

In etwa einer halben Stunde erwarte ich ihn schon. Wir werden das letzte Wochenende im August gemeinsam genießen, bevor wir zurück nach Hattingen fahren.

Ich freue mich auf meinen Mann.

Er hat ein großes, weites Herz.

Natureintrag 26 - September

Kühe – Mutterliebe –
Schreiben am Fluss

Wie ungewohnt und doch so schön. Nach all den Gedanken am Meer, sitze ich auf meiner großen, mich erdenden Wurzel am Fluss, an der Ruhr.

Der Graureiher steht ruhig am Ufer, an einem der letzten schönen Sommertage, der Wind mit sich bringt und Regen ankündigt. Ein Schwan mit seinen adoleszenten Jungen zieht über das Wasser. Die Tierwelt hier ist so beeindruckend.

Genauso wie am Meer, liebe ich es auch hier, die Tiere in freier Wildbahn zu beobachten. Schließlich habe ich einen aufmerksamen Blick, um Tiere zu entdecken. Ein Mitpatient sagte 2012 mal zu mir, er kenne keine Frau, die so früh und noch vor ihm Tiere entdecken könnte. Dieser Mann war Jäger und meinte, ich hätte die besten Voraussetzungen für dieses Hobby. Ich musste ihn enttäuschen. Es läge mir fern, ein Tier zu erschießen.

Ich bin beunruhigt. Vor drei Tagen wurde auf der angrenzenden Kuhweide ein Kälbchen geboren, das jetzt von seiner Mutter getrennt ist, da die Kuh sich jenseits der Weide befindet. Ich mache mir Gedanken, wie das passieren konnte. Ist die Mutterkuh durch die Ruhr gelaufen - das machen die Kühe hier tatsächlich - oder über die Kuhsperre auf die andere Seite des Stacheldrahtzauns gelangt? Ich mache mir Gedanken über das Kälbchen, ob es sich nicht von seiner Mutter verlassen fühlt.

Ich sehe darin eine Parallele zu mir: mein mangelndes Urvertrauen, das sich im Säuglingsalter nicht entwickeln konnte. Dies ist ein bisschen weit hergeholt, denn die Kälber wachsen hier in freier Natur auf und entwickeln sich viel schneller als Menschen. Instinktiv werden sie wissen, was gut für sie ist. Da gibt es keine negativ prägende Erziehung.

Ich höre den Eisvogel. Hoch, schrill und rhythmisch pfeifend ruft er während seines Flugs. Ich sehe ihn noch nicht. Ein Hund mit seinem Herrchen gesellt sich rechts von mir ans Ufer. Der Hund kaut auf seinem Gummiball und freut sich, wenn sein Herrchen den Ball ins Wasser wirft, damit er ihn mit einem großen Sprung wieder herausholen kann. Und jetzt sehe ich ihn, den Eisvogel. Pfeilschnell schießt er über das Wasser. Mittlerweile ist es so windig, dass sich das Wasser kräuselt.

Auch hier am Fluss spüre ich, wie viel mir das Schreiben in der Natur bedeutet. Mit meinen Augen die Schönheit zu sehen, den Duft und die spezifischen Geräusche zu erleben und alles in Worte zu fassen, genieße ich sehr. Die Weide, unter der ich geschützt sitze, knarrt vom Wind. Bachstelzen tanzen hüpfend über das Wasser.

Ich rieche den Fluss - frisch und etwas moderig zugleich. Das Wasser gluckert und plätschert. Es tut so gut, hier zu sitzen.

Meinem Mann geht es gerade nicht gut. Er fühlt sich kaputt, ausgebrannt und kommt kaum in die Gänge. Wie gut ich diese Symptome kenne. In mir regen sich auf der einen Seite Sorgen um ihn, auf der anderen Seite fühle ich mich genervt.

Schön, dass ich hier jetzt sitzen kann. Alles ist im stetigen Wandel und vielleicht ist morgen schon eine Veränderung seines Befindens spürbar. Wir haben beide mit depressiven Zuständen zu tun, was Schwierigkeiten mit sich bringen kann. Ich will für mich aufpassen, nicht zu viel in Situationen hineinzuinterpretieren oder diese zu be- oder zu verurteilen. Meine einzige Aufgabe ist es, bei mir zu bleiben, mich gut um mich zu kümmern, ihn allenfalls zu unterstützen und für ihn da zu sein mit meiner Liebe, falls er sie in diesen Momenten möchte und ich sie geben kann.

Mit Blick auf das kleine Kälbchen und der immer noch von ihm getrennten Mutter fange ich an, über die Liebe einer Mutter nachzudenken.

Mutterliebe, diese umsorgende, schützende, nährende Liebe, die uns einen Spiegel vorhält für unsere eigene Entwicklung. Mütterliche Liebe, die weder meinem Mann noch mir ausreichend gegeben wurde.

Unsere Mütter, die nicht in der Lage waren, sich selbst genug Liebe zu schenken, konnten sie uns nicht ausreichend entgegenbringen.

Diese fehlende Mutterliebe können wir unseren inneren Kindern jetzt selbst schenken und uns nachnähren, indem wir mitfühlend mit uns sind, uns Trost schenken, um nach und nach mehr Selbstliebe empfinden zu können.

Jetzt gerade spüre ich einen Hauch von Selbstliebe - auf meiner mich erdenden Wurzel sitzend, die stark und haltgebend mit Mutter Erde, dem Universum verbunden ist.

Keine zehn Meter von mir entfernt landet in diesem Moment mein Glücksmagnet - der Eisvogel - auf einer Baumweide und leuchtet für mich in seinem schillernden, blauorangenen Kostüm. Das fühlt sich sehr trostspendend an und ich bin einfach nur dankbar. Doch es kommt noch besser.

Ich erlebe live, was **Mutterliebe** bedeutet, denn ich beobachte eine Mutter, die Sorge für ihr Kind trägt.

Die Kuh muht nach ihrem Kälbchen, steht nahe an der Kuhsperre auf dem Leinpfad und möchte zurück auf den Teil der Weide, auf dem ihr Kälbchen steht. Die Kuhsperre ist geschlossen. Theoretisch könnte ich der Kuh das Tor der Kuhsperre aufhalten. Instinktiv, intelligent und mutig entschließt sich die Kuh durch das Wasser zu waten. Dies tut sie langsam. Das Wasser steht ihr bis zum Hals.

Und ich dachte immer, Kühe könnten nicht schwimmen, würden sich gar nicht erst ins Wasser trauen.

Doch nun schaut nur noch ihr Kopf aus dem Wasser. Das Kälbchen wartet am Ufer. Die Mutterkuh erreicht das Ufer, verlässt schwerfällig das Wasser und beide begrüßen sich mit einem Nasenküsschen.

Das ist so wundervoll zu sehen, *diese natürliche, selbstlose, echte Liebe unter Säugetieren*.

Freude durchströmt mich. Ich wünsche mir so sehr, diese Freude mit nach Hause nehmen zu können.

Erfüllt und beseelt mache ich mich auf den Weg.

Natureintrag 27 - September

Eisvogelfest

Heute Morgen bin ich um 8 Uhr losgelaufen in Richtung meines Happy Places. Das Aufstehen fiel mir schwer. Selbstverurteilungen und Vorwürfe wollten sich in mir ausbreiten und das nur, weil ich gestern Abend keine vernünftige Abendhygiene geschafft hatte.

Egal, wichtig ist, dass ich mich überwunden habe loszulaufen, um diesen schönen Spätsommermorgen zu genießen. Ich lief über die Kuhweide und sah, dass Mutterkuh und Kälbchen wieder getrennt waren.

Dieses Mal machte ich mir keine Gedanken. Sie werden wieder zusammenkommen. Gestern habe ich recherchiert und weiß nun, dass das Kälbchen nach ein paar Tagen schon so weit in seiner Entwicklung ist, dass die Mutter ihm vertrauensvoll Freiheiten zugesteht. Begnadet, wie natürliche Liebe zwischen Kuh und Kälbchen funktioniert.

Nachdem sich der Nebel, der wie eine breite, flauschige Decke niedrig über der Ruhr und den Feldern lag, gelichtet hatte, strahlte nun die Sonne bei angenehmen 10°C.

An meinem Happy Place entschied ich mich spontan, noch vor dem Schreiben meine 18 QiGong-Übungen auszuführen.

Hier war alles noch so schön ruhig. Ich genoss es, direkt am Wasser zu stehen und die Sonne im Rücken zu spüren. Bei der 13. Übung - als ich meine Flügel öffnete - begann ein Tanz der Eisvögel, wie ich ihn selten gesehen habe. Sie flogen zu zweit, mal zu dritt, und pfiffen vor sich hin. Sie kommunizierten miteinander - die Eisvögel mit ihren Jungen. Sie spielten miteinander. Sie flogen um mich herum im großen Bogen. Es war so, als gäben sie alles für mich, und das in einer Eleganz, die ihresgleichen sucht.

Ein royalblaues Feuerwerk, ein Geschenk des Universums.

Ich sitze auf meiner Wurzel und mir fehlen die Worte. Ich fühle mich reich beschenkt.

So schnell kann sich meine Stimmung verändern. Ich bin erstaunt und dankbar, dass ich dieses Geschenk sehen und annehmen kann, dass das Leben für mich ist. Ich kann es fühlen. QiGong und Eisvögel haben mich in eine glückliche Ruhe versetzt. Ich lächle unentwegt vor mich hin, während ich dieses Erlebnis in Worte fasse.

Dieser Tag kann doch nur gut werden.

Als ich an der Ruhr entlang nach Hause laufe, entdecke ich einen Mann, der auch QiGong-Übungen praktiziert. Er steht direkt am Leinpfad, sodass jeder, der diesen Weg benutzt, ihm zuschauen kann. Das empfinde ich als mutig. Ich bewundere es, wenn Menschen so bei sich sein können und sich nicht stören lassen oder gestört fühlen.

Ein wenig stolz bin ich auch auf mich. Schließlich habe ich meine Übungen nur acht bis zehn Meter vom Leinpfad entfernt praktiziert.

Fremde Menschen konnten mich sehen, allerdings sah ich niemanden und war höchstens irritiert von den Geräuschen der Vorbeigehenden und -fahrenden.

Das Universum zeigte mir an diesem Morgen, dass es mit mir ist, mir nur Gutes will und was die Natur in mir auslösen kann.

Danke!

Natureintrag 28 - September

Paar-Kür, Schwäne, das Eisbergmodell und der Klimawandel

An einem milden, spätsommerlichen Tag sitze ich auf meiner Wurzel. An der Ruhr zu schreiben ist anders als am Meer, denn mein Alltag begleitet mich hier. Ich finde nicht viel Zeit zum Schreiben, obwohl ich meinen Beruf als Grundschullehrerin nicht mehr ausübe.

Jetzt bin ich hier und der Zauber erfasst mich ziemlich schnell. Zwei Eisvögel fliegen eine Paar-Kür. Sie fliegen ihre Kür durch die durch Buhnen abgetrennten Buchten. Pfeilschnell und dicht fliegen sie an mir vorbei. Ein Eisvogel landet für den Bruchteil einer Sekunde im Wasser und initiiert einen Richtungswechsel. Beeindruckend! Was sie mir hier bieten, ist unbeschreiblich. Der Graureiher auf der gegenüberliegenden Seite fühlt sich von dieser Kür gestört und stößt ein lautes Krächzen aus. Nach mehreren Direktflügen an mir vorbei, kommen die Eisvögel auf Weidenästen zur Ruhe. Die Kür ist beendet.

Circa 20 Meter von mir entfernt gründeln zwei Schwäne. Sie sehen aus wie zwei Eisberge in der Ruhr. In dieser Woche habe ich einen meiner zahlreichen Online-Kurse begonnen, einen 10-wöchigen Kurs zum Thema „Ich bin", in dem es darum geht, kraftvolle Identitäten in jedem Lebensbereich zu entwi-

ckeln. Gleich zu Beginn des Kurses ging es um das so-
genannte ‚Eisbergmodell', woran mich die Schwäne
gerade erinnern.

Exkurs Eisbergmodell

*Stelle ich mir einen Eisberg im Wasser vor, liegen
95% des Eisbergs unter Wasser, die für das Unterbewusstsein
stehen, und 5% über der Wasseroberfläche, die das Bewusstsein
symbolisieren. Alles, was in mir wirkt, in meinem Inneren, das
heißt im Unbewussten, wie zum Beispiel meine alten Überzeu-
gungen aus der Kindheit (Ängste, Traurigkeit, Wut, Scham),
aber auch Stärken oder mein Weltbild, hat Auswirkungen auf
das, was im Außen, im Bewussten, sichtbar ist. Das heißt, es
wirkt sich aus auf meine Beziehungen, meine Arbeit, meine Ge-
sundheit - auf mein Leben.*

*Es ist nicht ganz klar, wer zuerst vom Eisbergmodell gespro-
chen hat. Obwohl Freud den Begriff Eisberg als solchen nie er-
wähnte, wird er oft mit ihm in Verbindung gebracht. Es fallen
auch andere Namen wie Pareto oder Watzlawick (s. Wikipedia
zum Eisbergmodell).*

*Wichtig ist in diesem Zusammenhang lediglich, sich klarzu-
machen, wie ungleich die Verhältnisse von Bewusstem und Un-
bewusstem sind, und wie wichtig es ist, die unbewusst wirkenden
Einstellungen an die Oberfläche zu holen.*

*Ebenso wie das Eis eines Eisbergs unter Wasser liegt, liegen
bei der menschlichen Psyche die unbewussten Muster tief im Inneren vergraben.*

Der gründelnde Schwan, der wie ein Eisberg aussieht, zeigt allerdings eine ganze Menge mehr an Bewusstsein über der Wasseroberfläche.

Ich fange an zu sinnieren. Angesichts des extremen Klimawandels auf unserer Erde und der Proteste (Fridays for future), die gerade laut sind, stellt sich mir die Frage, was das Schmelzen der Eisberge für das Eisbergmodell bedeuten würde. Ich überlege: Wenn das Unterbewusstsein schmilzt, wird das Bewusstsein größer.

Das wäre ja toll! Auftrieb!

Doch leider ist dies nicht der Fall! Das Bewusstsein schmilzt zuerst weg. Vielleicht versucht das Unterbewusstsein nach oben zu drängen. Vielleicht werden wir uns wichtiger Funktionsweisen des Unterbewussten noch bewusst. Doch es kann zu spät sein. Ist der Eisberg komplett abgetaut, existiert unser Denken, existieren wir auch nicht mehr.

Möglicherweise überleben dann nur Wesen auf dieser Erde, die intuitiv im Sinne der Natur leben, die keinen Verstand haben, der die Kraft hat, alles zu zerstören. Das könnte unsere Tierwelt sein, wenn der Mensch sie nicht mitzerstört. Ich gebe die Hoffnung eines Miteinanders nicht auf.

Ich kann mir vorstellen, dass die Menschheit eine Chance hat, wenn sie sich auf das besinnt, was hinter dem Vorhang des Lebens, unter der Wasseroberfläche, in uns oder auch um uns herum ist. Ich meine

eine Kraft, die in allem wirkt, etwas Göttliches mit Bezeichnungen wie Höheres Selbst, Essenz, Quelle oder Gott. Etwas Göttliches, das in meiner Vorstellung in jedem Menschen liegt und seine Stärke, sein großartiges Potenzial ausmacht.

Ha, da töne ich, und kann mein eigenes Potenzial oft nicht erkennen.

Ich will sagen, dass, wenn der Mensch mehr nach innen schauen würde, hin zu seinem einzigartigen Wesenskern, er sich selbst erkennen und lieben lernen würde, dann könnte er gut für sich sorgen.

Wer gut für sich selbst sorgt, sich liebt, der liebt auch seine Umwelt.

Dann wäre es ein natürliches Anliegen für den Menschen, alles für Mutter Erde zu tun.

Das passiert also, wenn Schwäne in meinen Gedanken ihre Kreise ziehen. Ich bin froh, dass diese gründelnden Eisberge nicht schmelzen können.

Erfüllt von meinem gedanklichen Treiben gehe ich nach Hause.

Natureintrag 29 - September

Miese Stimmung – Frieden beginnt in mir

Die Sonne versteckt sich hinter den Wolken und ich sitze zusammen mit meinem Mann auf meiner Wurzel. Etwas Schönes kann ich gerade noch nicht entdecken.

Unsere Stimmung ist angeschlagen. Seine Stimmung färbt auf meine ab. Das erzähle ich mir gerade und schreibe das genauso auf. Ich merke schnell, was ich da mir selbst zu erzählen versuche. Richtiger wäre: Ich lasse meine Stimmung von seinem Verhalten beeinflussen. Ich bin es, die das zulässt.

Lieber säße ich jetzt hier allein, hatte aber schon vorgeschlagen gemeinsam herzukommen. Ein Hin und Her in mir. Ich fühle mich gereizt. Jede Kleinigkeit stört mich. Die Radfahrer, die die metallene Klappe zur Kuhweide zuknallen, sodass es laut scheppert. Der Hund, der schräg hinter mir ständig ins Wasser springt. Mein Mann, der seine Kuchentüte lautstark zusammenknüllt, nachdem er sein Kuchenstück aufgegessen hat. Die Winde, die er lässt.

Ich bin unzufrieden, denn ich wollte den Text von gestern überarbeiten, damit er einigermaßen rund wird. Doch das habe ich nicht hinbekommen.

Selbst der Weg zur Wurzel war bereits überschattet. Ich bin ausnahmsweise mal langsamer als mein Mann gegangen, was wohl daran lag, dass ich Barfußschuhe trage. Deshalb nörgelte ich permanent: „Geh doch langsamer! Ich kann nicht so schnell."

Wir wollten uns Kuchenteilchen vom Bäcker mitnehmen. Doch das einzige Stück, das für mich in Frage gekommen wäre, war bevölkert von Wespen. Mindestens 20 Wespen saßen auf dem Apfelkuchen. Meine Laune sank weiter. Die Wespen fraßen sich fett und ich sagte belehrend (so bin ich, wenn ich mies drauf bin) zu meinem Mann, während ich auf einen Rosinenstrietzel zeigte: „Den kannst du nicht essen. Der ist voller Viren." Er war so nett und kaufte sich das einzige nicht von Wespen besetzte, feste Teilchen, das noch in der Auslage lag.

Der kürzeste Weg vom Bäcker zu meiner Wurzel führte uns dann unbefugterweise über Bahngleise. Auf den Schienen stand ein langer Güterzug, glücklicherweise ohne Lokomotive. Das beruhigte mich, denn ich kam sofort in den „Das ist nicht erlaubt, das darfst du nicht" - Modus. Auch ein Gefühlszustand von mir, der gerne die Herrschaft übernimmt und mich klein und ängstlich werden lässt, wenn ich es zulasse.

Jetzt sitze ich hier und habe mich erstmal selbst in den Arm genommen, meine Hände liegen dafür überkreuzt auf meinen Schultern, um wieder halbwegs zu mir zu kommen. Schon etwas beruhigter griff ich zu meinem Schreibzeug.

Ein Kormoran landet sanft direkt neben uns im Wasser und taucht augenblicklich unter, um nach Fischen zu jagen. Die Sonne lugt hinter den Wolken hervor. Anscheinend will mich die Natur friedlicher stimmen.

„Frieden beginnt in mir." Diese *5-Finger-Übung* fällt mir gerade ein. Bei jedem gesprochenen Wort wird mit einem Finger, angefangen mit dem Zeigefinger bis hin zum kleinen Finger, auf den Daumen getippt. Diese Übung wirkt beruhigend auf mich.

Ich werde ruhiger und lausche auf das leise Plätschern der Ruhr. In der Bucht nebenan haben sich die Kühe ans Wasser gesellt. Was gäbe ich für ihre Gelassenheit. Immerhin konnte ich mich beruhigen.

Und wenn ich ganz ehrlich bin, war mein Mann überhaupt nicht mies gestimmt. Das war ich selbst und habe meine schlechte Stimmung gekonnt und jahrelang eingeübt auf ihn projiziert.

Da zeigt sich der Eisvogel und fliegt einige Male hin und her. Ein Hahn kräht in der Ferne zum Abend, nicht zum Morgen.

Wie gut, dass wir zu meiner Wurzel gegangen sind.

Natureintrag 30 - September

Wenn Tiere mein Sein und Handeln unterstützen

Mein Happy Place liegt unter dunklen Wolken bei 19°C. Regnen soll es nicht. Ich vertraue mal darauf. Ein kühler Wind weht.

Auf dem Weg zur Wurzel hat mich ein Haubentaucher begleitet, der in herbstliche Farben gekleidet war.

Ein kleines Teichhuhn schlägt nun im Anflug bei jedem Flügelschlag auf das Wasser, was in dem Tempo ein kunstvolles Wellenmuster entstehen lässt. Ich sitze hier so gerne und beobachte diese schöne Natur.

Der Tag heute erfüllt mich sehr.

Zu Hause habe ich eine berührende Meditation meines Online-Kurses ‚Ich bin' zum Thema ‚Beziehungen, Freundschaft und Liebe' gemacht.

Diese Erinnerung scheint dem Universum zu gefallen, denn genau jetzt zeigt sich die Sonne. Eine Ente gibt ein bekräftigendes „*Quak, Quak* "von sich.

Mein Weg von der alten Identität zu einer neuen Identität, vom alten „Ich bin nicht richtig" zum neuen „Ich bin vollständig in Liebe".

Das könnte Chancen in mir eröffnen. In all den Jahren der Therapiearbeit und der Arbeit am inneren Kind kann ich mich nicht erinnern, mich selbst in meiner Vorstellung als Säugling im Arm gehalten zu haben. Ich als ein lächelndes, süßes Baby mit dem Namen Cathrin, das sich nicht mehr allein gelassen und einsam fühlt. In dieser Meditation war ich mir sehr nah.

Lieber Eisvogel, wie findest du das? Du darfst dein bestätigendes Ja gerne abgeben. Die Sonne gibt auch schon ihr Bestes.

Und da, ich höre ihn und habe zumindest seine akustische Bestätigung und Zustimmung. Wenn ich den Eisvogel höre, dauert es selten lange, dass ich ihn sehe.

Und schon schenkt er mir auch seine optische Zustimmung mit einem kurzen Flug über die Ruhr, heute zwar allein, dafür aber umso präsenter in Klang und Optik.

„Ich bin vollständig in Liebe."

So möchte ich denken, fühlen, entscheiden und handeln - und sicherlich ist das irgendwann möglich.

Natureintrag 31 - September

Über das Ehren und Achten der Natur

Es ist kühl. Die Sonne scheint. Auf dem Weg zur Wurzel hat mich eine zarte, blau schimmernde Libelle begleitet. Ein Schwarm Schwalben flog hoch über mir. Zwei Krähen unterhielten sich. Der Graureiher empfing mich. Begrüßen wollte er mich allerdings nicht wirklich. Mit seinem lauten „*Krah*" im Weiterflug klang es eher so, als wollte er sagen:

„Hey, das ist mein Platz! Kannst du ihn überhaupt ehren und achten als Mensch?"

„Ja, das kann ich. Ich ehre und achte die Natur!", antwortete ich in Gedanken.

Ich glaube, dass viele Menschen die Achtung vor der Natur verloren haben. Das bedaure ich. In zwei Tagen werden wir wohl den größten Klimastreik erleben, den die Menschheit je organisiert hat. Der Klimastreik wird an dem Tag stattfinden, an dem die politischen Parteien gleichzeitig Maßnahmen zum Schutz des Klimas beschließen.

Hier an meinem Lieblingsplatz scheint die Natur noch in Ordnung zu sein. Die große Frage lautet:

Wie lange noch?

Es macht mich traurig, dass viele Menschen den Bezug zur Natur verloren haben, obgleich ich ihn selbst erst so spät wiederfand. Es macht mich traurig, dass wirtschaftliche Interessen vor dem Erhalt der Natur Priorität haben. Dass einige Politiker nicht erkennen oder wahrhaben wollen, dass es um das Überleben der Menschheit in einer lebensbejahenden Umgebung geht.

Ich wünsche jedem Menschen, dass er/sie erkennt, wie lebenswichtig das Zwiegespräch mit der Natur, die innere Einkehr ist.

Die Seele findet ihre Balance. Der gestresste Mensch kommt zur Ruhe.

Und während ich hier nachdenklich sitze, kommt mir die Natur ganz nah. Es kommt mir vor, als wollten sich ihre Lebewesen bei mir bedanken: Der royalblaue Eisvogel, der nah an mir vorbeifliegt und dessen Rückseite dank der Sonne unwiderstehlich glitzert. Der Reiher, der so laut krächzt, dass ich zusammenzucke. Die Kuhherde, die sich zu mir ans Ufer begibt, um ihren Durst zu stillen. Die Staren- und Schwalbenschwärme, die auf und ab fliegen als würden sie nicken.

Ja, ich werde übermorgen für euch streiken. Ich brauche euch so sehr. So kann ich wenigstens einen kleinen Teil beitragen.

Die Menschen haben Angst vor Veränderungen, die wehtun könnten. Angst vor dem Verzicht.

Zu jeder Veränderung gehört die Annahme des jetzigen Zustandes und das kann schmerzhaft sein. Es ist fünf vor zwölf. Da sind sich alle Wissenschaftler einig. Wir können keine Zeit mehr verschwenden oder einfach verstreichen lassen.

Wir müssen jetzt handeln und verzichten. Es wird nicht reichen, vegetarisch und vegan zu essen, konsequent nachhaltig und biologisch zu leben. Der Verzicht wird größer sein.

Ich bin dazu bereit - für das hier, diese wundervolle Natur, für meine Kinder und deren Kinder.

Was soll ich sagen: Die Kühe haben, während ich das hier schreibe, jegliche Berührungsängste verloren. Eine Kuh leckt mir liebevoll über meinen Schuh und das Bein. Ich kann es kaum fassen und doch ist es wahr. Unglaublich, was Tiere spüren. Das denke ich mir zumindest.

Was zählt, ist die Dankbarkeit, die ich durch diese Zuwendung und Nähe verspüre.

Natureintrag 32 - September

Alles irgendwie doof und irgendwie nicht

Heute ist so ein Tag, an dem ich merke, dass ich nicht bei mir bin. Probiert habe ich schon einiges:

Ich habe meine Morgenseiten geschrieben, kurz meditiert, bin zu meinem Happy Place gejoggt, habe meine 18 QiGong-Übungen praktiziert, mir Tag 3 einer Jammerfasten-Challenge angehört und eine weitere Meditation zum Thema ‚Innerer Frieden' gemacht. Wirklich ruhiger wurde ich allerdings nicht.

Vielleicht habe ich auch zu viel gemacht. Wer weiß das schon? Ich spüre das nicht immer.

Jetzt sitze ich auf meiner Wurzel, bin erneut am Happy Place. Doch auch das gelang mir nicht sofort.

Mein Platz war besetzt von zwei Radfahrern und ich ließ mich in einer kleinen Bucht vor meinem Happy Place nieder, die auch schön ist, allerdings nicht so geschützt liegt und häufiger von Hunden frequentiert ist. Ich fing an zu schreiben.

Eine junge Frau mit ihrem ebenfalls jungen Hund besuchte unsere Bucht. Nachdem der Hund im Wasser war, kam er zu mir, beschnupperte mich und hörte nicht auf sein Frauchen, als sie ihn rief. Frauchen entschuldigte sich bei mir und ich sagte: „Ist ja auch ein junger Hund!", was sie nickend bejahte. Als die beiden gegangen waren, sah ich, dass der süße Hund seine Schnauze komplett an meiner hellgrauen Jacke abgewischt hatte.

Okay, ich mache ja die Jammerfasten-Challenge und habe mich damit verpflichtet, 16 Tage lang so wenig wie möglich zu jammern, zu nörgeln, zu meckern, zu schimpfen und zu verurteilen - also all das nicht zu machen, worauf mein Gehirn spezialisiert ist. Stattdessen will ich mich auf die positiven Dinge fokussieren. Also halte ich jetzt still und den Ball innerlich flach. Die Jacke kann ich schließlich zu Hause waschen.

Die Radfahrer verließen nach 15 Minuten meine Wurzel, sodass ich mich hier nun erden und den Fokus mehr auf mich lenken kann.

Ich fange an, die Mittagsruhe, die sich hier bemerkbar macht, zu genießen. Ein Haubentaucher badet in meiner kleinen Bucht. Von Tag zu Tag wird es hier herbstlicher. Die Farben spiegeln sich in braunen, grünen und grauen Nuancen im Wasser. Je herbstlicher es wird, desto differenzierter das Farbenspiel. Ein Kormoran taucht auf und sofort wieder ab.

Die Tiere hier sind einfach.

Die Betonung liegt auf sind. *Sie sind bei sich.*

Das ist so schön und ich spüre, wie Freude in mir aufkommt. Ich bin froh, dass ich hier hinlaufen, die Zeit für mich nutzen und schreiben kann.

Ich fühle mich zunehmend erfüllter, komme mir langsam wieder näher und bin einfach.

So einfach und doch so schwer.

Ach ja, den Eisvogel habe ich heute Morgen auch gesehen, als ich hier entlang joggte.

Natureintrag 33 - September

 *Schachmatt – Hoffnung*

Ich sitze auf meiner Wurzel und bin froh, dass ich den Weg hierhin geschafft habe.

Ich stecke in einem Tief. Zuhause wusste ich nichts mehr mit mir anzufangen. Wusste nicht, was ich noch hätte tun können, um mich von meiner inneren Unruhe abzulenken. Tränen flossen während ich Hausarbeiten erledigte.

Eine Emotion in mir - vergleichbar mit einer hohen starren Mauer, vor die ich laufe -, die mir glaubhaft machte, nichts mehr zu wissen, nichts mehr zu fühlen, überwältigte mich, erschlug mich förmlich. Traurigkeit und Verzweiflung breiteten sich aus.

Ich habe häufig das Bild in mir, zusammen mit meinem kleinen Mädchen an dieser Mauer vorbeizugehen. Heute gelang mir das nicht. Ich wollte auch nicht nach draußen in die Natur, wollte mich lieber verstecken, damit keiner meine Tränen sieht. Ich fühlte mich allein, zu nichts in der Lage, ohne Liebe. Ich fühlte mich unfähig, mir in irgendeiner Form gerecht zu werden, meinen hohen Ansprüchen zu genügen.

In jedem Fall: Ich fühlte mich SCHACHMATT.

Mein Mann überredete mich schließlich, mit ihm zusammen rauszugehen, da er weiß, wie gut mir das tut.

Jetzt sitze ich hier und versuche mich zu erden. Ich sitze aufrecht auf meiner Wurzel, die Hände fühlend am Stamm, die Füße auf dem Boden.

Mein Mann schaut etwas weiter entfernt von mir geduldig in die Natur. Er lässt mir die Zeit, die ich brauche.

Ich sage mir innerlich und wiederholt: „Es ist okay, dieses Tief darf sein" und stelle mir dabei vor, wie ich mein kleines Mädchen auf den Schoß ziehe, versuche ihr den Trost zu geben, den sie so sehr benötigt.

Ich bemerke, dass meine innere Unruhe bleibt und probiere die Wechselatmung aus dem Yoga aus, um mehr emotionales Gleichgewicht in mir herzustellen. Dazu schließe ich meine Augen. Ich höre allerdings mittendrin auf, denn der Eisvogel macht sich bemerkbar. Ich öffne meine Augen und schaue, wie er über den Fluss fliegt. *Für mich!*

Auch die Sonne schickt ein paar Strahlen wie ein Blitzen durch die Wolken. Eine Windböe bläst eine Lücke zwischen die Wolken und ein helles Blau zeigt sich.

Danke, Universum! Die Hoffnung kommt, wenn auch leise, zurück.

„Wenn die Hoffnung aufwacht, legt sich die Verzweiflung schlafen."

Ich liebe diese asiatische Weisheit.

Die Hoffnung ist meine Antreiberin, die mich ins Handeln bringt. Ich kann sie selbst nähren, indem ich mich umsorge, meine Seele, meinen Geist und meinen Körper stärke.

Heute habe ich sie genährt, indem ich mich mit Natur und Schreibzeug versorgte.

Natureintrag 34 - September
Abendstimmung – Gedanken zu schmerzhaften Gefühlen, Zweifeln, Ängsten und Heilung

Ein wenig Sonne fällt noch auf meine Baumwurzel. Ich blicke an diesem Freitag auf eine anstrengende Woche zurück. Eine Woche, die mich in die Tiefen meiner Selbstzweifel zurückwarf. Zweifel, die sich in vielen Bereichen meines Lebens zeigen. Fragen, die mein Leben mit einer Konsequenz und Wucht durchziehen und alles in Frage stellen.

Liebe ich genug? Bin ich gut genug?
Das geht an die Substanz! Ich bin hart zu mir!

Dabei kenne ich sie, meine Möglichkeiten und positiven Seiten. Damit meine ich meine Ressourcen, auf die ich zurückgreifen kann, ob das meine Charaktereigenschaften sind oder andere Dinge, mit denen ich zufrieden, nein sogar glücklich sein könnte.

Alles, was ich mir erarbeitet und bewusst gemacht habe, ist plötzlich weg und wie ausgelöscht, wenn sich die negativen Dämonen in Form von Ängsten und Zweifeln ihren Raum suchen. Sie machen sich so schnell breit, dass ich keine Chance habe, das zu verhindern. Sie wollen gesehen werden. Ich weiß, dass dies auch sein Gutes hat, denn lange genug durften sie sich nicht melden, weil ich es ihnen nicht zugestand.

Was bleibt mir also, wenn sich meine Dämonen zeigen?

Für mich besteht mein Weg darin, meine Gefühle anzunehmen, sie als zu mir gehörig anzuerkennen.

Ich setze mich hin, nehme mir die Zeit, um den Schmerz in seiner Intensität zu fühlen, ihn da sein zu lassen und/oder ihn niederzuschreiben. Der Schmerz ebbt langsam ab, wenn ich durch ihn hindurchgegangen bin, wenn er da sein durfte. Manchmal erkenne ich, dass er der Schmerz meines kleinen Mädchens ist und gar nicht meiner, dass er aber trotzdem ein Teil von mir ist. Manchmal erkenne ich nichts und das ist auch okay.

Heilung kann geschehen, wenn ich die Bedürfnisse meines kleinen Mädchens nähre, ihr immer wieder Trost schenke, immer wieder schaue, was sie braucht.

Heilung kann geschehen, wenn ich das Vergangene akzeptiere, was nicht heißt, dass ich es hinnehme.

Heilung kann geschehen, wenn ich eine liebevolle, wohlwollende Haltung zu diesen geladenen Gefühlen in mir einnehme.

Das ist die Haltung eines erwachsenen, liebenden Selbst.

Erst dann können nach und nach Veränderung und Wandel in mir geschehen.

In einem YouTube-Video zu einer EFT-Sitzung *(Exkurs EFT S. 66)* hat jemand zu seiner Angst gesprochen mit den Worten:

„Ich liebe dich, Angst. Du bist etwas ganz Besonderes."

Da musste ich schlucken. Es fällt mir schwer, das so zu fühlen. Die Angst, die von den Zweifeln an mir genährt wird, darf da sein. Das kann ich der Angst erlauben, was schon viel ist. Aber muss ich sie gleich lieben?

Muss ich die Angst lieben, um mich vollständig annehmen zu können? Oder ist es so, dass ich, wenn ich mich lieben würde, auch die Angst lieben würde und umgekehrt?

Das macht Sinn, je länger ich darüber nachdenke.

Und je mehr ich heile, desto mehr liebe ich mich.

Mein kognitives Gehirn hat diese Gedanken verstanden. Aber die Synapsen - die Kontaktstrukturen zur Übertragung von Signalen zwischen Nervenzellen - benötigen Zeit und Training, um sich neu zu verschalten. Meine Gefühle kommen nicht so schnell hinterher.

Die alten Emotionen und Glaubenssätze sitzen tief und lassen sich nicht von heute auf morgen heilen oder verändern, aber sie lassen sich verändern und damit auch die Strukturen im Gehirn.

Unser Gehirn ist formbar, kann sich verändern und weiterentwickeln, wenn ich mich auf neue, achtsame

und wohltuende Dinge fokussiere und dies aufschreibe.

*Unter dem Stichwort „Neuroplastizität" findest du im Netz
genauere Erklärungen zu diesem Thema.*

**Meine Heilung ist ein lebenslanger Prozess
und jeden Tag darf ich ein Stückchen weiter
reifen und wachsen.**

Und schließlich beglückt mich mein royalblaues Juwel
in dreifacher Ausführung. Selbstbewusst und sicher
fliegen die Eisvögel über die Wasseroberfläche, während ich diese Gedanken aufschreibe.

Ich liebe diese Koinzidenz, das Zusammentreffen von
Gedanken und Natur.

Wie viel ich mir hier doch abschauen kann!

Natureintrag 35 - Oktober

Veränderung in mir oder Anhaften

Nach zehntägiger Regenpause sitze ich erneut auf meiner mich erdenden Wurzel. Die Abkühlung auf 12°C ist deutlich spürbar. Drei Eisvögel begrüßen mich. Die Eisvogeljungen spielen und singen, als würden sie mir ein „*Huhu*" zuwerfen. Ich genieße es, wieder hier zu sein. Die Blätter beginnen, sich von den Bäumen zu lösen.

Ich spüre herannahende Veränderungen - in der Natur und in mir. Auch die letzten Tage waren für mich sehr anstrengend, wie ein letztes Aufbäumen und Widerstand meines Egos:

„Nein, bitte verändere dich bloß nicht. Bleib in dieser bequemen Unglücksblase. Du kannst mich doch nicht verlassen. Nur durch dich habe ich Daseinsberechtigung. Ich, deine Mutterinstanz in dir, möchte dich weiter quälen. Du sollst so bleiben, nämlich kontrollierend, rechthaberisch und rechthabend, befehlend und unnachgiebig. Du kannst nicht existieren ohne mich!"

Dies sind starke, quälende Stimmen und Anteile in mir, die eine unglaubliche Macht besitzen und mir und meinen Nächsten schaden. Nicht, weil sie mich ärgern wollen, sondern weil sie meinen, sie wären gut für mich, weil sie ja jahrzehntelang antrainiert sind. Klar, dass sie bei mir bleiben und mich sabotieren wollen.

Doch ein Erpel führt mir etwas anderes vor. Er taucht. Er wäscht sich. Er schlägt mit den Flügeln. Das Wasser spritzt dabei wild um ihn her. Diesen Vorgang wiederholt er viele Male, so als wasche er sich seine Dämonen ab, als ließe er los, bis er schließlich zur Ruhe kommt. Der Erpel scheint bereit für Veränderung.

So stehe ich hier, beobachte und staune.

Ich bin dankbar für die Unterstützung durch die Natur in dieser schwierigen Lebensphase.

Ich weiß, dass Veränderung in erster Linie mit meiner Bereitschaft zur Veränderung zu tun hat und denke an die liebevolle Haltung, die ich mir gegenüber einnehmen möchte.

Natureintrag 36 - Oktober

Fluss-Meditation

Wind, Wolken, Sonne - ein wunderbarer, leicht stürmischer Herbsttag. Ich komme an meinem Happy Place in der Mittagszeit an und breite mein Vlieshandtuch auf der Wurzel aus.

Ich setze mich und richte mich gerade auf. Mit beiden Händen spüre ich die raue und starke Wurzel. Ich atme ein und atme aus. Ich schließe meine Augen. Ich atme tiefer in den Bauch hinein, halte kurz die Luft an und atme länger aus. Diesen Vorgang wiederhole ich einige Male. Meine Füße erden mich. Ich lasse Wurzeln von meinen Füßen in den Boden wachsen. Ich atme ein und aus. Ich höre das Plätschern des Flusses, das Rauschen der Bäume. Ich spüre den Wind in meinen Haaren. Meine Haare kitzeln mein Gesicht. Ich höre den Ruf des Eisvogels. Ich öffne meine Augen und sehe ihn über das Wasser gleiten. Ich atme ein, halte einen Augenblick und atme aus. Eine kurze Meditation im Hier und Jetzt.

Ich beobachte.

Eine Hornisse setzt zur Landung in der Ruhr an und nimmt einen Schluck Wasser zu sich. Zwei junge Schwäne mit flauschigen Hälsen baden am benachbarten Uferstück. Ein Erpel sonnt sich auf einem Stein. Eine Flussmöwe segelt vorbei. In der Ferne ist eine Motorsäge aktiv. Auch sie gehört dazu. Und immer wieder zieht der Eisvogel seine Bahnen, heute erstaunlich langsam und genussvoll. Vielleicht hält er Mittagsruhe. Durch eine Windböe neigen sich die Äste der Weide zur Seite. Ihr Stamm knarzt. Ein Eisvogel sitzt nun auf einer von Schafen abgefressenen Herkulesstaude. Ein zweiter Eisvogel kommt herangeflogen und grüßt mit einem pfeifenden „*Huhu*". Die Oberfläche der Ruhr erinnert an eine zart gewellte Gänsehaut.

Es herrscht keine absolute Ruhe, aber ein „zur Ruhe kommen", jetzt, hier, in diesem Moment.

Und noch einmal schließe ich meine Augen.

Natureintrag 37 - Oktober

Ein sommerlicher Tag im Herbst ohne sommerliches Gemüt – Spiritualität

Mein Erdungsplatz ist besetzt. Fast kommen mir die Tränen vor Enttäuschung. Da helfen auch die drei Eisvögel nicht, die augenblicklich an mir vorbeifliegen. Ich bin alles andere als gut drauf. Auch das ist okay!

Jetzt sitze ich in der benachbarten Bucht meines Happy Places. Heute Morgen habe ich mich innerhalb meines ‚Ich bin'-Kurses mit meiner Spiritualität beschäftigt. Das war ernüchternd. Warum, erzähle ich gleich.

Die Geräuschkulisse hier lenkt mich ab. Die Geräusche werden zunehmend schriller. Ein kleiner Junge schreit mit einer sich überschlagenden Stimme nach seinem Hund Chiara. Ständig schlägt das metallene Kuhgatter zu. In der Ferne quietschen Eisenbahnwaggons. Alles hat die gleiche schrille Tonlage, eine hohe Frequenz, die sich in meinen Kopf einbrennt. Der spitze Stein, auf dem ich sitze, tut sein Übriges und bohrt sich in meine Pobacken. Das Kind schreit weiter. Die Eisvögel sehe ich nicht mehr. In meinem Kopf hämmert es.

Ich will trotzdem meine Gedanken zur Spiritualität aufschreiben. Spiritualität ist und war mir wichtig.

Heute wurde mir innerhalb des Kurses bewusst, wie besetzt dieses Thema für mich ist. Automatisch assoziiere ich mit Spiritualität und Religion Frömmigkeit, setze es gleich mit Gottesfurcht und Heuchlerei.

„Lieber Gott, mach mich fromm, dass ich in den Himmel komm. Amen."

Dieses Gebet begleitete mich als Kind. Kein Gebet, das Dankbarkeit, Liebe oder überhaupt den Blick für das Schöne auf unserer Erde fördert. Dieses Gebet ist angstschürend.

Wenn du nicht fromm bist, also lieb, brav, fleißig und keine Widerworte gebend, das heißt mundtot und keine Meinung habend - sprich: wenn du nicht gottesfürchtig bist - dann wirst du schon sehen, was du davon hast. Denn dann kommst du nicht in den Himmel.

Nur, wenn ich so war wie andere/meine Eltern mich haben wollten, war ich richtig, nur so konnte ich glücklich werden. Ich erinnere mich, dass dieses Gebet wie ein Zwang für mich war. Wenn ich es nicht bete, bin ich nicht richtig, komme ich nicht in besagten Himmel. Also betete ich emotionslos.

Dieses Gebet eignet sich hervorragend, ein Kind zu erpressen und ihm unbewusst Angst, Schuld und Scham zu implementieren.

Das Paradoxe daran ist, dass meine Eltern selbst der Kirche und Gott gar nicht so nahe standen und Gewohntes einfach nur unreflektiert weitergaben.

Dass göttliche Liebe, die Quelle, die Essenz nicht an Bedingungen geknüpft ist oder geknüpft sein kann, war mir immer klar. Wie könnte sie sonst göttlich sein?

Es wird Zeit, meine eigene Sicht auf Spiritualität zu entdecken und vor allem zu leben.

Eine Spiritualität, die erfüllt ist von Dankbarkeit, Vertrauen, Verbundenheit, Einssein und Liebe. Ich bin offen dafür, etwas anzuerkennen, von dem ich nichts weiß und nichts wissen kann. Offen für das Wunderbare, das sich mir durch die Natur zeigt, offen für Zeichen, die mir begegnen und mich auf meinem Heilungsweg unterstützen.

Mein Happy Place ist frei und ich wechsle den Platz. Ich sitze auf meiner Wurzel und spüre sie. Das tut mir gut. Ich fühle mich geerdeter. Ruhe ist eingekehrt. Die Sonne scheint in mein Gesicht. Der Eisvogel fliegt erneut vorbei, vom Universum, vielleicht von einem Engel geschickt.

Dieses Mal kann ich mich freuen und bin dankbar. Das Schreiben tat mir gut.

Jetzt weine ich fast vor Rührung, so wohl fühle ich mich hier. Eine junge Familie gesellt sich zu mir, lässt sich hinter mir nieder.

Wir Menschen sind nicht allein, mache ich mir bewusst. Überall ist Kontakt möglich, auch wenn ich ihn gerade nicht suche. Ich bin wieder geerdet genug, um mich nicht gestört zu fühlen.

Es raschelt hinter meinem Rücken, denn Steine werden verrückt. Meine Gedanken spinnen ihren eigenen
Film. Ob sie wohl ein Feuer machen und hier grillen
wollen?

Das werde ich sehen, wenn ich aufstehe und mich auf
den Heimweg mache.

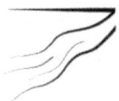

Natureintrag 38 - Oktober

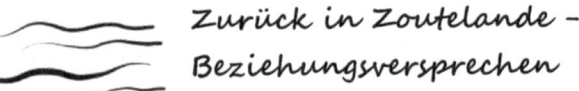

Zurück in Zoutelande –
Beziehungsversprechen

Sieben Wochen später und endlich sitze ich wieder auf einer Bank mit Blick aufs Meer.

Vor viereinhalb Stunden liefen mein Mann und ich los, am Strand entlang bis Vlissingen und wieder zurück. Der Himmel war von dicken, schwarzen Wolken bedeckt. Während unserer Wanderung schien es so, als ob wir die Wolken immer weiter vor uns her schieben würden - bis sie schließlich vollständig verschwanden.

Das Universum war und ist mit uns. Das dachte ich schon den ganzen Tag, während ich auf das wunderbare Farbspiel schaute, welches das Meer, Sonne, Wind und Wolken uns boten. Magisch!

Die Bank, auf der wir nun sitzen, befindet sich zwischen Vlissingen und Dishoek, circa fünf Kilometer von unserem Chalet entfernt. Sie hat eine besondere Bedeutung für uns.

Vor einigen Jahren haben wir hier überlegt, jeder für sich, was wir am anderen lieben, warum wir uns lieben und warum wir zusammen sein möchten. Wir haben uns Gedanken darüber gemacht, welche Werte wir gemeinsam haben, wohin wir uns in unserer Liebesbeziehung entwickeln wollen, was wir uns für unsere Beziehung wünschen würden, wenn alles möglich wäre. Diese Vision unserer Beziehung schrieb dann jeder für sich auf. Indem wir diese Gedanken verschriftlicht und sie uns gegenseitig vorgetragen haben, gaben wir uns ein erneutes Beziehungsversprechen.

Das war damals unglaublich schön und bereichernd. Ein sehr berührender Moment, vor allem für eine Frau wie mich, die sich häufig für nicht liebesfähig hält. Mein Unterbewusstsein flüstert mir so manches Mal zu:

„Du kannst doch gar nicht lieben! Beziehungsunfähig bist du sowieso! Außerdem dürfen deine Beziehungen auch nicht gelingen. Es kann ja nicht sein, dass es dir besser geht als deinen Eltern. Das kannst du ihnen nun wirklich nicht antun!"

Dies sind heftige Stimmen, die da in mir singen und herumspuken. Doch weiß ich eigentlich: Ich möchte und darf eine andere Beziehung führen, als die, die mir vorgelebt wurde.

Diese Übung war und ist ein wichtiges Instrument, um mir meiner Gefühle für meinen Partner klar zu werden. Zudem tat es gut, etwas Außergewöhnliches für unsere Beziehung zu tun, ihr neuen Schwung zu geben in eine gemeinsame, positive Richtung.

Ein erneutes Beziehungsversprechen ist eine schöne Möglichkeit, uns gegenseitig zu zeigen, wie wir einander schätzen und lieben.

Viel zu leicht geht das Nachdenken über die Beziehung im Alltagsgeschehen verloren und wir verfallen in festgefahrene Muster. Nun ja, mein Mann und ich nutzten diese Form der Zuwendung bisher das eine Mal hier am Meer, doch vielleicht ist die Zeit reif für ein erneutes Versprechen. Wir könnten uns dies beide gut vorstellen. Ich bin dankbar, mit einem Mann zusammen zu sein, der sich darauf einlässt.

Mit diesen schönen Gedanken im Kopf nehme ich meinen Mann an die Hand und wir wandeln die fünf Kilometer am Strand - dem Sonnenuntergang entgegen - zurück zum Chalet.

Natureintrag 39 - Oktober

 *Ruhe mit Lichtpunkten -*
Schönheit - Herzensenergie

Ich sitze auf meiner - noch etwas feuchten - Lieblingsbank. Die Sonnenstrahlen suchen sich ihren Weg durch die recht dicke Wolkendecke. Eine mystische Ruhe liegt über dem Meer. Nach einem regnerischen Tagesbeginn beruhigt sich die Wetterlage anscheinend. Die Menschen kommen aus ihren Wohnungen, Chalets, Hotelzimmern, um die Ruhe hier draußen zu genießen.

Ruhe und Weite, die ein Geschenk für jede Seele sind. So lässt sich Herzensenergie aufladen. Das Herz, das Schönheit braucht, um aufzutanken.

Schönheit, die jeder Mensch woanders findet.

Schönheit, die den Menschen berührt.

Schönheit, die in der Natur liegt oder in Kunst und Gesang.

Schönheit, die in sozialen Begegnungen mit Freunden oder der Familie liegt.

Schönheit, die die Kraftreserven des Herzens auftankt, wenn herzenswarme Verbindungen entstehen und das Herz ganz einfach Ja sagt.

Auf dieser Bank sagt mein Herz fast ausschließlich Ja. Wieder durchbrechen einige Sonnenstrahlen die dichte Wolkendecke und setzen wunderschöne Lichtpunkte auf das Meer, die meine Seele zum Klingen bringen.

Und nun vereinigen sich die Lichtpunkte zu einem großen Lichtpunkt, so als würde Gott mit einer Taschenlampe das Meer nach Herzensenergie absuchen.

So schön! *Ich fühle, wie mein Herz auftankt.*

Wenn wir Menschen uns alle häufiger auf unsere Herzensenergie zurückbesinnen, auf unsere ursprüngliche mit Liebe gesegnete Schöpferkraft und diese fühlen, könnte diese Kraft auf alle Wesen unseres Universums zurückstrahlen. Es ist so viel möglich.

Wenn ich heile, heilt die Welt.

Natureintrag 40 - Oktober

Kuhflecken – Unruhe – Ängste

Wieder zog es mich zu meiner Bank, um zu sitzen, zu schauen und zu schreiben. Seit einer Stunde strahlt die Sonne. Der Wind bläst vom Meer, sodass sich wunderschöne wandernde, aber auch unruhige Kuhflecken bilden. Nun ein ziemlich großer schwarzer Fleck, der auch mich eine kurze Weile bedeckt.

Und wieder bildet die Natur das ab, worüber ich hier spontan schreiben möchte.

Schon erstaunlich, wie viel sich innerhalb der letzten 24 Stunden in mir zeigte, deutlich wurde und möglicherweise auch veränderte.

Nachdem ich diese Bank gestern verlassen hatte, fuhren wir mit dem Auto nach Vlissingen zum Einkauf. Eine starke Unruhe und Angst packten mich. Eine Angst, die mir ein treuer Begleiter ist, wenn mein Mann am Steuer unseres Autos sitzt.

Eine Angst, die viele Ursachen hat und tief in mir festsitzt. Ängste aus Kindertagen, Vertrauensängste, Angst durch einen erlebten Verkehrsunfall und sicher einige Ängste, von deren Ursachen ich nichts ahne.

Emotionen, die gesehen werden wollen.

Sie dürfen da sein und ich habe auch keine andere Wahl. Sie kommen einfach.

Okay, wenn ich aufmerksam lausche, dann kommen sie schon mit Ankündigung.

Die Stimmung, die sie verbreiten, ist im ersten Moment schwer zu ertragen. Herzklopfen, alles schnürt sich zu. Ich weiß nicht, wohin mit mir, möchte am liebsten weglaufen.

Doch ich ließ sie da sein, versuchte immer wieder tief zu atmen, hielt mich im Auto fest, schloss während der Fahrt die Augen, wenn es zu vermeintlichen Angstsituationen kam, kaufte im Supermarkt überreizt ein und überstand die Rückfahrt.

Ich hätte selbst fahren können - eine Strategie, die ich oft nutze - fühlte mich dazu aber nicht in der Lage.

Angekommen am Chalet, kochte ich mir einen Tee, den ich draußen an der frischen Luft trank. Ich wurde ruhiger.

Mein Mann kennt meine Ängste, hat in immer wiederkehrenden Situationen den Umgang mit ihnen gelernt und ließ mich daher erstmal in Ruhe.

Mein Mann, mein Beziehungsgegenüber, mein Spiegel, mein Resonanzkörper und auch mein Lehrmeister, ist derjenige, der am ehesten von meinen Stimmungen betroffen ist. Glücklicherweise konnte er sich gestern gut von mir abgrenzen und bei sich bleiben.

Nach einiger Zeit fragte er mich dann, was ich nun tun wollte, vielleicht etwas spielen? Erstaunlicherweise war ich ganz klar und konnte ihm antworten, dass ich raus musste und Raum brauchte.

So liefen wir los in Richtung Zoutelande, bummelten ein wenig und setzten uns in ein Straßencafé. Ich schaute beobachtend in die Menge und ließ mich ablenken. Das war genau die richtige Entscheidung, um mich noch mehr zu beruhigen.

Dass ich abends beim Spielen verlor und die Spülmaschine nicht mehr funktionierte, steigerte meine Stimmung nicht wirklich, hinderte mich aber nicht daran, einigermaßen zu schlafen und recht gut gestimmt in den heutigen Tag zu starten.

Der Wind tut nun sein Übriges und bläst direkt von vorn gegen meinen Kopf.

Ich fühle mich merklich freier und leichter und schaue in die Weite.

Ich freue mich auf das heutige Wandern am Strand Richtung Westkapelle.

Natureintrag 41 - Oktober

Das benommene Rotkehlchen - eine
Krafttierbegegnung im Garten

Heute Morgen besuchte uns ein Rotkehlchen auf der Terrasse auf eher ungewöhnliche Art und Weise. Normalerweise erlebe ich Rotkehlchen, die mich während der Gartenarbeit besuchen und mich hüpfend begleiten, oder Rotkehlchen, die mir während eines Spaziergangs ein Lied singen. Dieser Besuch heute hatte eine ganz andere Qualität.

Das Rotkehlchen flog in unser Leben, indem es gegen die Scheibe unserer Terrassentür am Chalet prallte und benommen auf der Terrasse sitzen blieb. Ich bekam einen ziemlichen Schreck und wünschte dem zarten Rotkehlchen, dass es sich schnell wieder erholen würde.

Erst gönnte ich ihm Ruhe. Es wirkte stark benommen, saß regungslos da und stützte seinen Kopf mit dem Schnabel ab. Nach einigen Minuten hob es vorsichtig den kleinen Kopf an.

Ich fühlte den starken Drang, für das Rotkehlchen da sein zu wollen, öffnete vorsichtig die Terrassentür und näherte mich ihm auf allen Vieren, während ich leise zu ihm sprach. Es rührte sich nicht, erschrak aber auch nicht. Vorsichtig schob ich meine Hand zu ihm und streichelte mit einem Finger leicht über sein Köpfchen.

Ob mein Verhalten richtig war, kann ich nicht sagen. Mir tat es definitiv gut, den Kopf des Rotkehlchens zu berühren.

Wann hatte ich jemals zuvor ein Rotkehlchen streicheln können? Dabei öffneten und schlossen sich seine kleinen Augen. Das Rotkehlchen wandte sich mir zu und ich hatte den Eindruck, dass es langsam Vertrauen in mich gewann.

In der Zwischenzeit hatte ich ein paar Haferflocken und etwas Wasser für den Vogel bereitgestellt. Diese interessierten ihn allerdings nicht.

Doch auf mein zartes Streicheln reagierte das Rotkehlchen. Es wurde zunehmend lebendiger und begann, sein Köpfchen in alle Richtungen zu drehen. Ich zog mich ins Chalet zurück, um dem Rotkehlchen keine Angst zu machen, ließ es weiter zur Ruhe kommen und beobachtete es mit Abstand. Nach weiteren zehn Minuten hatte es sich so weit erholt und aufgerichtet, dass es davonfliegen konnte. Ein Neubeginn für das Rotkehlchen.

Das Rotkehlchen als Krafttier (*Exkurs Krafttiere S. 149*) steht tatsächlich für Veränderung und Neubeginn.

Begegnen wir ihm, kann es uns helfen, Vertrauen zu uns selbst aufzubauen, auf die Stimme unseres Herzens zu hören, unsere eigene Sanftmut anzuerkennen, von da aus loszugehen und Neues zu wagen, um auch Größeres umsetzen zu können. Zusätzlich steht es für Lebensfreude.

Diese sanfte Begegnung mit dem Rotkehlchen bescherte mir, trotz seines anfänglichen Unfalls, ein großes Glücksgefühl. Diese Nähe zu einem wildlebenden Tier fühlt und fühlte sich wunderschön an. Ich war ein Teil der Natur dieses Universums.

Ich spüre, dass auch ich mich langsam für einen Neubeginn öffne.

Und das neben all den Geschehnissen, die in meinem Inneren noch verarbeitet werden wollen - sei es der Abschied aus meinem alten Beruf als Grundschullehrerin, sei es der Abschied von alten Glaubensmustern oder sei es das Wahrnehmen alter Emotionen und Ängste, die angenommen und geheilt werden wollen. Neues entsteht, wie zum Beispiel, dass ich das Schreiben für mich entdeckt habe oder die Tatsache, dass ich mein Leben achtsamer gestalte.

Ich komme mehr ins Fühlen.

Ich bin dankbar für die Nähe, die ich dem Rotkehlchen geben durfte und die es mir ebenso geschenkt hat.

Exkurs Krafttiere

Jedes Tier kann ein Krafttier sein, ein spiritueller Wegbegleiter, der eine Botschaft für dich hat.

Der Begriff des Krafttieres ist sehr alt und hatte bei Naturvölkern verschiedenster Nationen eine Bedeutung.

Für mich wird ein Tier zum Krafttier, wenn es mir in der freien Natur begegnet, wenn es sich mir auf eine besondere Art und Weise zeigt. Ich begegne dem jeweiligen Tier mit einer achtsamen und offenen Haltung. Mich überkommt ein Staunen. Die Begegnung berührt mich innerlich.

Je nachdem, welchem Tier ich begegne, suche ich mir verschiedene, von unterschiedlichen Autorinnen geschriebene Krafttierbotschaften heraus und schreibe mir meine eigene. So wird die Verbindung zwischen mir, dem Krafttier und der Natur noch intensiver.

Ein Tier in freier Wildbahn verhält sich so, wie es ist, und ich kann von seiner Natur lernen. Gemäß seiner Natur steht jedes Tier symbolhaft für bestimmte Eigenschaften. Der Delfin steht beispielsweise für sein Einfühlungsvermögen.

Für mich sind solche Krafttierbotschaften eine große Hilfe, mich mehr spüren zu können. Ich erlebe für mich seltene Glücksgefühle und fühle mich mit dem Universum verbunden.
Ein Krafttier kann für mich wie ein Spiegel meiner menschlichen Seele sein, als Verbindung zur Natur und zu meiner inneren Weisheit.

Natureintrag 42 - Oktober

Ein letzter Oktobertag auf meiner Bank –
vom Hygge-Gefühl

Ich liebe es, hier zu sitzen und zu schreiben. Ich möchte viel schreiben, mein Leben so verändern und neu beginnen.

Ich fühle mich bestätigt durch meine Begegnung mit einem Rotkehlchen oder durch den starken Wind, der Altes mit einer ungeheuren Kraft hinfort bläst.

Auch die Kraft des Mondes hat seine Wirkung auf mich. Kommenden Montag ist Neumond. Er steht für Veränderung und Neubeginn. Das Universum scheint mit mir zu sein.

Bleibt also nur meine Vergangenheit, die sich mir in den Weg stellen könnte.

Was, wenn ich das einfach nicht zuließe?

Ein guter Plan, denn meine Dämonen haben mich in letzter Zeit häufig genug besucht. Gerne würde ich meine Dämonen in ein anderes Buchprojekt stecken. Und da könnten sie dann bleiben, wobei mir klar ist, dass sie ihre Schlupflöcher finden würden. Aber es ist eine schöne Vorstellung, dass sie in einem eigens dafür vorgesehenen Buch bleiben könnten, in einem Buch, in dem ich sie ausführlicher beschreibe und ihre Entstehung erkläre. Zumindest könnte ich dann dort, wann immer sie gesehen werden wollen oder ich sie nicht klar entlarven kann, über sie nachlesen.

Der extreme Wind leitet den kommenden kalten Teil des Herbstes ein. In der Nacht werden die Uhren umgestellt auf Winterzeit.

Gerade habe ich einen Artikel zum dänischen Hygge-Gefühl gelesen, dieses wohlige, gemütliche Gefühl, wenn es draußen kühler und herbstlicher wird. Schon dieser stürmische Wind bei 17°C lässt mich frieren. So male ich mir auf dieser Bank ein hyggeliges Gefühl in meinem Herzen aus.

Hyggelig ist es in einem warmen Zuhause, bei Kamin- oder Kerzenschein, mit einem guten Buch, Podcast oder Film, mit einem Glas Wein oder Tee, auch beim geselligen Zusammensein mit Freunden oder der Familie, beim Spielen oder Essen, beim sich aneinander Kuscheln mit seinen Liebsten, beim gemeinsamen Singen, beim gemeinsamen Schauen alter Fotos mit der Familie, vielleicht bei Handarbeiten, beim Malen oder Schreiben.

Das Wichtigste ist, mit sich selbst hyggelig zu sein, das heißt in Ruhe und Frieden mit und in sich selbst zu sein.

Nichts anderes möchte ich in diesem Moment auch. Ein bisschen hyggelig fühle ich mich jetzt, nur der Wind weht mir zu kräftig und ich laufe zurück zum Chalet.

Natureintrag 43 - Oktober

Zurück am Fluss – Unruhe vs. Ruhe

Ich sitze auf meiner Wurzel. Heute Nacht war es richtig kalt. Bald werde ich beim Schreiben Handschuhe brauchen. Tagsüber bringt die Sonne jedoch ausreichend Wärme.

Ich fühle mich den Kühen nah. Eine weiße, zottelige Kuh schaut wie ein Zaungast zur benachbarten Kuhweide und -herde. Zwei Kälbchen liegen am Wegesrand und schlafen. So schön, dass dieser Platz auch ein Teil der Kuhweide ist. Und da: Der Eisvogel fliegt vorbei und begrüßt mich.

Ich spüre die Unterschiedlichkeit des Schreibens in der Natur deutlich, die Unterschiede des Schreibens am Meer und am Fluss, beide mit ihren eigenen Reizen und mit ihrer eigenen Schönheit. Ich liebe beide.

Ein Graureiher landet lautstark auf der gegenüberliegenden Seite der Ruhr. Er schreitet langsam, bedächtig, achtsam und majestätisch, als mache er eine Gehmeditation. Ein schöner Impuls, mich daran zu erinnern, mit mir selbst achtsamer zu sein, mich weniger zu überfordern und weniger Druck auf mich auszuüben.

Ich neige dazu, mich zu überfordern und bemerke die Überforderung oft zu spät. Neben dem zehnwöchigen

Onlinekurs ‚Ich bin‘, nehme ich nachmittags an einer Online Autorenmesse teil. Das heißt, am Vormittag sorge ich für meine persönliche Weiterentwicklung und am Nachmittag kümmere ich mich um Weiterbildung und Input für meine neue Lebensgestaltung, für meinen neuen Lebensabschnitt. Das letzte Kapitel meines Lebens? Vielleicht.

Schon lange bin ich nun arbeitsunfähig und warte auf die Frühpensionierung, die bald in Kraft treten wird. Meine persönliche Weiterentwicklung und die Akzeptanz meiner Erkrankung sind wichtige Punkte und Anker für mein Leben. Zusätzlich brauche und suche ich einen neuen Sinn in meinem Leben nach Beenden der Berufstätigkeit als Grundschullehrerin.

Ich lese viel, schreibe und lerne auch. Schnell setze ich mich dadurch unter Druck und überfordere mich.

„Du musst diesen Text heute fertigbekommen! Du musst dieses Webinar beenden! Du musst das alles machen, aber kannst du das überhaupt?"

Und schon erschaffe ich mir selbst den Nährboden für meine Selbstzweifel.

Nein, ich muss gar nichts. Ich darf, wenn ich möchte! Und ob ich‘s kann, werde ich sehen.

Jetzt gerade möchte ich mich einlassen auf die mich umgebende Natur an der Ruhr. Hier am Fluss finde ich meine Ruhe, erst recht, wenn der Eisvogel für mich fliegt. Möge mir die Ruhe dieses Ortes Kraft für die nächsten Tage zu Hause schenken.

Die goldene Stunde vor Sonnenuntergang bricht an. Der wunderschöne Abendkanon „Abendstille" kommt mir in den Sinn.

„Abendstille überall, nur am Bach die Nachtigall, singt ihre Weisen klagend und leise durch das Tal."

Ich summe die Melodie leise vor mich hin.

Diese wunderbare Ruhe, die gerade in der Luft liegt.

Ich genieße sie, zusammen mit der goldenen Sonne, die alles warm- und weichzeichnet.

Ich fühle mich reich beschenkt.

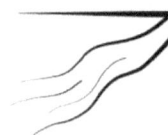

Natureintrag 44 - Oktober

Impressionistische Malerei

Früh am Morgen sitze ich bei 6°C auf meiner Wurzel.

Monet hat seine Farbpalette geöffnet. In schönsten Herbstfarben, in Grün-, Braun-, Gelb- und Orangetönen spiegeln sich die Bäume im Fluss, zum Teil glasklar, zum Teil verschwommen.

Ein impressionistischer Eindruck für die Seele.

Dies zu betrachten, ist für mich wie Meditation mit offenen Augen. Ich atme tief ein und aus. Der größere Eisvogel fliegt nur zwei Meter von mir entfernt am Ufer entlang. Er zeigt mir sein leuchtend-blaues Federkleid. Jetzt überqueren die beiden kleineren Eisvögel Monets Malerei.

Dieser Moment ist magisch.

Eine tiefe Dankbarkeit breitet sich in mir aus, kaum dass ich hier sitze. Manches, was sich in meinem Leben entwickeln soll, zeigt sich in diesem Gemälde glasklar, wie die Verbindung von Schreiben und Natur. Einiges ist noch verschwommen, doch leise erkennbar. Ein Spiegelbild meiner Seele?

Zur Bekräftigung und Bestätigung meiner Gedanken zieht der Eisvogel weitere Bahnen bevor er sich auf einem Ast niederlässt, um in meditativer Stille und Ruhe nahezu bewegungslos dazusitzen.

Das Sonnenlicht tanzt in den Weidenblättern. Diese Weide, unter der ich sitze, hat bisher wenig von ihrem Blätterkleid abgeworfen. Wie ein Schutzmantel leuchten ihre Blätter über mir.

Behütet und getragen gehe ich in diesen Tag.

Natureintrag 45 - Oktober

Halloween - Mittagsruhe - Stippvisite

Natürlich ist hier nichts gruselig. Ich sitze an meinem Happy Place für eine kurze Stippvisite bei klirrender Kälte und Sonnenschein.

Einmal tief durchatmen, genießen und auftanken, bevor ich weiter in die Stadt laufe für weitere Erledigungen. Süßigkeiten für heute Abend sind vorbereitet, wenn es heißen wird: „Süßes oder Saures". Schließlich möchte ich nicht, dass mir Saures widerfährt.

Wenn die Kinder am Abend klingeln werden, wird es unruhig für mich. Ich freue mich für sie, keine Frage. Und doch werde ich die Unruhe spüren, wenn ich das übliche Halloween-Programm durchlaufen werde:
Türklingel hören - die Tür öffnen - die Kinder bewundern - Süßigkeiten verteilen.

Umso mehr genieße ich diese Ruhe in der Mittagszeit am Fluss. Auch in der Vogelwelt herrscht mittags Ruhe. Das beobachte ich heute nicht zum ersten Mal, denn es scheint der natürliche Biorhythmus der Tiere zu sein.
Ein Erpel, der seinen Kopf seitlich ins Federkleid gesteckt hat, rekelt und streckt sich nun. Der Eisvogel ist nicht zu hören. Ein Fotograf mit einem Teleobjektiv nimmt in meiner Nähe das Monet-Gemälde des

Wassers auf. Wie gut ich ihn verstehen kann. Die Bilder können nur wunderschön werden.

Diese kleine Stippvisite zu meinem Happy Place ist wohltuend.

Manchmal braucht es nur einen kleinen Moment, um wieder ganz bei sich zu sein.

Und der Eisvogel? Er zeigt sich zum Abschied und fliegt an mir vorbei.

Natureintrag 46 - November

Klirrende Kälte –
Veränderung – Jubilada

An diesem besonderen Tag schreibe ich bei 3°C und strahlender Sonne.

Ein stolzer, weißer Schwan begegnete mir auf dem Weg zu meiner Wurzel. Das passt, denn er steht als Krafttier für das Wachstum und die Entwicklung meiner Seele. Veränderung und Verwandlung durch inneres Wachstum ist sein Thema. Kommt der Schwan als Krafttier in mein Leben, symbolisiert er einen positiven Lebenswandel. So schön!

Denn endlich ist es amtlich. Gestern kam der Zustellungsbescheid für meine Frühpensionierung. Die Tiere der Ruhr fliegen an mir vorbei, um mir zu gratulieren, um zu bestätigen:

„Das ist der richtige Weg, dein Weg! Gehe ihn weiter und sorge gut für dich!"

Ein Entenpaar, ein Eichelhäher und ein Kormoran gratulieren mir.

„Und jedem Anfang wohnt ein Zauber inne, der uns beschützt und der uns hilft, zu leben", schrieb einst Hermann Hesse.

Ich kann diesen Zauber gerade spüren. Ich wusste, dass der Zustellungsbescheid sich bald in meinem Briefkasten befinden würde.

Und doch war es so unfassbar anders, ihn tatsächlich in den Händen zu halten. Es ist gut so und okay!

Frühpensionierung mit 55 Jahren! Ich schickte gleich ein Foto des Bescheids an Familie und Freunde. Gratulationen kamen aus allen Richtungen.

Es war und ist kein Makel.

„Ich vermisse dich eh", schrieb meine Schulleiterin. So viele weitere nette Worte erreichten mich:

„Das sieht ja super aus, Glückwunsch!", „Ich freue mich für dich!", „Ich gratuliere dir! Du hast so viel geleistet, so vielen kleinen Menschen was Gutes getan. Und jetzt ist Zeit für etwas Neues! Ich freue mich!" Mein Bruder schrieb: „Das ist gut! Go your new way!" Und dazu viele Smileys!

Mir wurde warm ums Herz und wieder einmal fühlte ich mich sehr dankbar.

Ich schaue auf und der Eisvogel sitzt mir direkt gegenüber. Er fliegt eine wunderschöne Bahn für mich und setzt sich in einen Baum am gegenüberliegenden Ufer. Auch der Schwan gleitet nun an mir vorbei. Er gratuliert mit einem „*Kiorr*". Ein Geräusch, welches ich heute zum ersten Mal bewusst höre. Ich bin erstaunt, dass auch der Schwan meinen Kontakt sucht und freue mich, denn ich sitze hier und verarbeite meinen neuen Lebensabschnitt als „Jubilada".

Jubilada ist das spanische Wort für Ruheständlerin. Das klingt für mich so viel schöner als Pensionärin, da es gleichzeitig etwas Kraftvolles, Jubilierendes und Fröhliches in sich hat. Eine Freundin machte mich auf dieses Wort aufmerksam.

Möge dieser neue Lebensabschnitt ein guter werden.

Natureintrag 47 - November

Zurück am Meer –
Ultraschall

Wie sehr ich diese Landschaft liebe. Das spätherbstliche Gelb, wogendes Dünengras, die nur noch spärlich belaubten Silberpappeln. Wir sind zurückgekehrt an diesen schönen Ort.

Nach dem Auspacken und Einrichten im Chalet war es dämmrig am Meer. Mit seinen grau-schwarzen Farben erinnerte es mich an ein Ultraschall-Bild, genauer gesagt an ein Ultraschall-Bild meiner Brüste. Wenn die Ultraschall-Sonde über meine Brüste fährt und sich auf dem Monitor ein bewegtes Auf und Ab dunkler Flecken in unterschiedlichen Größen zeigt, eingetrocknete Zysten oder kleine Zysten, ein dichtes Gewebe. Erinnerungen, die mich einst in Angst versetzten. Erinnerungen, die nahezu jede Frau hat, wenn Verdickungen in den Brüsten auffällig werden. Das Auf und Ab dunkler Flecken, die aussehen wie die schwarz-grauen, wogenden Wellen in der Dämmerung.

Das Meer und das Sein sind verbunden.

In allem lässt sich das Meer sehen und umgekehrt - wie ein Abbild meiner selbst, meiner Themen und gleichzeitig genauso unergründlich.

Ich freue mich auf die Tage hier.

Natureintrag 48 - November

Ein besonderer Morgen –
Sternschnuppen – Wünsche

Heute Morgen standen mein Mann und ich um 5 Uhr auf, denn wir erwarteten einen möglichen Sternschnuppen-Sturm von bis zu 1000 Sternschnuppen pro Stunde.

Ich schaute kurz aus dem Fenster, ob die Wetterlage es zuließ, Sterne zu beobachten. Trotz vieler Wolken konnte ich Sterne entdecken. Die Bedingungen waren gut.

Ich zog mich extra warm an. In zwei Leggings, zwei Strickjacken, Jacke, Mütze, Schal und zwei Paar Handschuhen eingepackt und mit einer dicken Decke sowie Sitzunterlage unter dem Arm, ging es los Richtung Strand. Wir waren gut vorbereitet für den „Ausbruch der Alpha-Monocerotiden", von denen normalerweise höchstens fünf pro Stunde zu sehen sind. Während eines Sternschnuppen-Sturms ist es sogar möglich, in den Lücken einer Wolkendecke Sternschnuppen zu erblicken.

So saßen wir in völliger Dunkelheit auf einer Bank nahe am Meer und hofften, welche zu entdecken. Unsere Nacken knackten beim ständigen Recken gen Himmel. Leider wurden die Wolkenlücken kleiner, bis wir nur noch Wolken sahen, egal in welche Richtung wir schauten. Das Einzige, was wir wirklich sahen, waren die Positionslichter auf dem Meer und der Schein des Leuchtturms von Westkapelle. Das hatte auch etwas. Es fühlte sich für uns besonders an, so früh, so allein, zu zweit in der Kälte und im Dunkeln am Meer zu sein.

Wir küssten uns zärtlich und beschlossen, uns auch ohne Sternschnuppen etwas zu wünschen. Mit geschlossenen Augen schickte jeder für sich einen Wunsch ab. Wir stellten uns vor, dass wir unsere Wünsche in diesem Moment dem Meer übergaben.

Ein besonderer Morgen, an dem wir unsere Komfortzone oder eher die Gemütlichkeit des warmen Bettes verließen, um etwas Außergewöhnliches zu tun. Das hat uns und unserer Beziehung gutgetan.

Wir nehmen es als Erinnerung, so etwas häufiger zu tun.

Je kälter es wird, desto weniger werde ich am Meer schreiben können. Im Gegensatz zum Sommer werden die Schreiblücken dadurch größer.

Die Verbundenheit von Natur und Gedanken wirkt vielleicht nicht in direkter Form, aber sie bleibt da. Das kann ich spüren.

Natureintrag 49 - Januar

Eisige Kälte – Nebel –
Klarheit

Ich komme gerade vom Meer zurück. Nach wie vor ist es mir draußen zu kalt zum Schreiben und ich setze meine Gedanken von draußen im gewärmten Chalet fort. Zwei Monate sind seit dem vorherigen Natureintrag vergangen.

So schön, die erste Woche im neuen Jahr hier allein zu verbringen. Ich habe Zeit für mich.

Gestern lag ein tiefer Nebel über dem Meer. Alles war verhangen. Manchmal ließ sich die Silhouette eines Schiffes erahnen, manchmal hörte ich nur den Motor eines Schiffes. Ich liebe diese Stimmung. Sie kommt der Stimmung nahe, die ich oft in mir trage. Sie trägt nichts Unheimliches in sich. Sie ist kein „Nebel des Grauens". Sie ist eher verschwommen, undefinierbar und birgt etwas in sich, was nicht sofort sichtbar ist. Erst bei genauem Hinschauen offenbart sich etwas tiefer Liegendes.

Die Äste der Bäume hingen voller klarer Wassertropfen. Es war die Feuchtigkeit des Nebels, die sich in den glasklaren Tropfen zeigte. Klarheit ist das, was nach dem Nebel kommt, aber auch die ganze Zeit schon da war und da ist.

Eine Klarheit, die mit der Zeit deutlicher sichtbar wird.

Der Kreis schließt sich. Vor einem Jahr habe ich hier in den Sand **„Alles wird gut"** geschrieben. Lange trug ich einen Armreif mit einer entsprechenden Gravur, der mir Hoffnung geben sollte. Er begleitete mich vor allem während meiner Klinikzeit, in den dreieinhalb Monaten von Februar bis Mai. Heute, nach einem Jahr, betrachte ich diesen Spruch anders. Es müsste doch heißen:

„Alles ist gut!"

Es ist, wie es ist, in jedem Moment. Alles ist gut, in depressiven, traurigen oder freudigen, fröhlichen Momenten, in nebeligen wie auch in klaren Momenten.

Die Füße im Sand, habe ich vorhin auf das Meer geblickt und diesen kurzen, aber dafür umso wunderbareren Moment des *„bei mir Seins"* gefühlt.

Ich spürte meine Akzeptanz, den Mut, mich meinem eigenen Selbst zu stellen, und die Erkenntnis, dass ich nicht allein bin. Wie zur Bestätigung meiner mir wohltuenden Gedanken, tauchte der Kopf eines Seehunds aus dem Wasser auf. Ich sehe dich, du siehst mich.

Alles ist eins.

Auf diesem, meinem Weg, wandle ich weiter.

Natureintrag 50 - Januar

Sonnenstrahlen – Lebensratgeber für

 *Lebensratgeber*

Nach der Kälte gestern sitze ich heute in der Sonne am Strand. Das ist kaum zu glauben und einfach wundervoll. Alles ist sanft und fließt. Die wenigen Menschen gehen langsam und genießen. Die Schiffe gleiten vorbei. Danke Sonne! Du tust mir gut.

Vorhin im Chalet fühlte ich mich entkräftet und geschwächt. Ein Auf und Ab meiner Gefühle und meiner Stimmung beobachtete ich in mir. Ich ließ mich auf eine geführte Meditation von Eva-Maria Zurhorst ein, die mir guttat. Wieder durfte Altes abfließen, auch die Tränen durften sein. Ich bin berührt von ihrem Buch „Liebe kann alles". Dieses Buch fesselt mich und es liest sich so, als spräche sie direkt zu mir.

„Sie werden erleben, dass Sie alles von innen nach außen verwandeln können, und sich von gewohnten, aber einengenden Glaubenssätzen und Verhaltensweisen verabschieden, mit denen Sie sich bisher sabotiert haben, ohne es zu merken."

Na dann. Damit wäre ich mehr als zufrieden.

Ich weiß, dass ich mich von vielen Büchern und vor allem von Lebensratgebern faszinieren lasse.

Wie häufig dachte ich: „Das ist es. Das ist die Lösung aller meiner Probleme, nach der ich schon so lange suche, die in jedem Ratgeber anders formuliert oder mit einem anderen Ansatz beschrieben ist, der mich möglicherweise direkter anspricht." Nur leider funktioniert ohne praktische konsequente Umsetzung, ohne das achtsame Praktizieren wenig. Das war nie anders.

Bei mir läuft das normalerweise folgendermaßen ab: Ich begeistere mich für ein Buch, praktiziere die Übungen und begleitenden Online-Kurse und fühle mich etwas besser. Dann lässt meine Begeisterung wieder nach und die Umsetzung auch. Alles neu Gelernte scheint wieder zu verpuffen. Ich verfalle wieder in meine alten Muster, obwohl ich weiß, dass sich irgendwo in meinem Gehirn Synapsen doch neu verschaltet haben müssten (siehe NE 34). Davon merke ich wenig bis nichts und hetze einer neuen möglichen Lösung hinterher, lasse mich von anderen neu erschienenen Ratgebern faszinieren.

„The same procedure with every book."

Okay, dabei sollte ich nicht vergessen, dass ich gerne lese, an Neuem interessiert bin und dazulernen möchte.

Was bleibt, ist die Natur. Ratgeber hin oder her. Die Natur hat immer eine besondere Wirkung auf mich.

Die Sonne wärmt mein Gesicht auf eine so wohltuende Weise, doch mein Hinterteil wird kühl, so ganz ohne Sitzunterlage. Ich werfe einen letzten Blick auf die Weite des Meeres, bevor ich Po und Blase schütze, indem ich aufstehe und weitergehe.

Natureintrag 51 - Januar
Selbstfindungszeit

Die Zeit in Zoutelande tut mir gut, so als würde ich mit mir allein ein Selbstfindungs- oder Wohlfühlseminar durchführen.

Ich sitze am Meer, eingehüllt in eine Decke, schaue in die Weite und denke wieder mal über meine tägliche Routine nach. Ein Thema, das mich begleitet.

Rituale und Programme, sprich Online-Kurse, gehören zu meiner Tagesroutine. Einerseits stützen sie mich. Andererseits muss ich genau wie mit Büchern aufpassen, mich durch die Fülle an Möglichkeiten nicht zu überfordern und das Gelernte nicht im Sande verlaufen zu lassen. Auch hier habe ich oft das Gefühl, einen Kurs und damit eine Chance zu verpassen, wenn ich diesen nicht belege.

„The same procedure with every class."

Aber jetzt mal ehrlich: Meine Tagesroutine hilft mir sehr.

Exkurs zu meiner Tagesroutine

Die Kunst liegt für mich darin, Rituale zu finden, die mich stützen und stärken, die mich jeden Tag begleiten, ohne mich zu überfordern. Wenn das der Fall ist, können sie sich zu einer Routine entwickeln.

Gerade jetzt in meiner Neufindung als ‚Jubilada' fällt es mir nicht immer leicht, gut für mich zu sorgen, da sich mein Tagesablauf verändert hat. Da bieten sich meine Rituale an, von denen ich schon viele ausprobiert habe. Manche begleiten mich dauerhaft, andere wechseln hin und wieder.

Wunsch und Wirklichkeit können auseinanderklaffen, sodass es vorkommt, dass ich keines meiner Rituale durchführe. Dann ist es wichtig, mich nicht zu verurteilen und in den folgenden Tagen zu versuchen, zu meiner Routine zurückzukehren. Das ist manchmal leichter gesagt als getan.

Rituale unterstützen mich auch dabei, wenn ich mich selbst besser kennenlernen möchte, wenn ich mir selbst näher sein möchte, wenn ich meine Herzensweisheit, die Verbindung mit meinem Inneren, meiner Authentizität entdecken möchte.

Sie geben mir den notwendigen Halt, wenn es mir nicht gut geht. Sie strukturieren meinen Alltag.

Sehr wichtig sind mir meine **Morgenrituale***, bzw. meine Morgenroutine, die ich ziemlich konsequent durchführe, denn gerade morgens befindet sich mein Mindset häufig nicht in positiven Gefilden. Mit folgenden Ritualen gelingt es mir eher, positiv in den Tag zu starten:*

1. Das Wichtigste sind mir meine Morgenseiten. Nachdem ich ein warmes Zitronenwasser zubereitet habe, setze ich mich an meinen Schreibtisch und schreibe frei und recht zügig zwei bis drei Seiten (Exkurs Morgenseiten S. 69). Auf diese Weise komme ich mir schon morgens nah und das ist tatsächlich ein schönes Gefühl. Danach journale ich, d.h. ich reflektiere den vergangenen Tag (was auch gut abends passen würde) und schaue, wie ich mir den aktuellen Tag strukturiere. Das mache ich mit Hilfe des ganzheitlichen Terminkalenders „Ein guter Plan". Im Unterschied zum Schreiben eines Tagebuches fokussiere ich mich beim Journalen eher auf Positives, auf Fülle, die meinen Tag bereichert.

2. Jetzt komme ich in die Bewegung und mache 20 bis 30 Minuten Yogaübungen (z.B. fayo-Yoga oder Yoga mit Mady Morissson - zu finden auf YouTube) oder auch Dehnübungen, die mir meine Physiotherapeutin empfohlen hat. Zweimal in der Woche versuche ich anschließend vier bis fünf Kilometer zu joggen. Nach meinem Klinikaufenthalt hatte ich lange Zeit an dieser Stelle auch QiGong integriert, wie zum Beispiel in NE 12 beschrieben. Vielleicht bekomme ich das wieder hin.

3. Spätestens in der **Mittags- oder Nachmittagszeit**, auf jeden Fall einmal am Tag, meditiere ich. Geführt oder frei, je nachdem, wonach mir gerade ist. Mittlerweile habe ich eine Bibliothek an Meditationen auf meinem PC, die ich nutzen kann. Ich probiere gerne Neues aus. Häufig nutze ich einfach nur den Timer auf meiner Handy-App, die „Insight-Timer" heißt. Hier findet man sowohl kostenlose als auch kostenpflichtige Meditationen zu verschiedensten Themenbereichen.

4. **Abends** wäre es für mich wichtig, in die Dankbarkeit zu kommen, um den Tag positiv abzuschließen. Ich spreche hier ganz bewusst im Konjunktiv, weil ich das oft nicht mache und morgens beim Journaling nachhole.

Eine lange Zeit erzählten mein Mann und ich uns jeden Abend drei Dinge, für die wir am Tag dankbar waren. Das tat gut und hat mir bewusst gemacht, was wichtig ist. Dankbarkeit auch für die kleinen Dinge, diese überhaupt sehen zu können, *wie zum Beispiel ein Lächeln. Es gibt keinen Tag, an dem ich nicht für etwas dankbar sein kann, siehe auch NE 19 zum gesunden Schlaf.*

Es gibt viele weitere Tools, die helfen können, den Tag ritualisierter und unterstützender zu gestalten, wie etwa Tagebuch schreiben, Visualisierungen, EFT-Übungen oder Spaziergänge in der Natur, um einige zu nennen.

Letztendlich kann jede nur für sich selbst ausprobieren und entscheiden, was zu ihr passt, was zeitlich machbar ist und dies schließlich etablieren.

Die Übungen führt man am besten circa 66 Tage lang durch, damit sich die Routinen im Gehirn und im Tagesablauf verankern können.

Wichtig ist, dass Rituale nicht die Spontaneität einschränken. Sie können und sollen eine Hilfe darstellen, als Unterstützung wirken für einen geregelten Tagesablauf, mehr nicht.

Mit Morgenseiten, Yoga, Meditation und Dankbarkeit fühle ich mich momentan gut aufgestellt. Ich sitze in der Kälte auf meiner Bank, genieße die Frische, die sie mit sich bringt, bin dankbar für die Zeit mit mir allein und freue mich auf das Wiedersehen morgen mit meinem Mann.

Natureintrag 52 - Januar

Intensiveres Spüren, Fühlen – die

Kegelrobbe und ihre
Botschaft

Ich fühle intensiver. Das freut mich sehr. Ich, die häufig von sich selbst meint, nichts fühlen zu können, die meint, vorrangig Leere in sich zu spüren. Und nicht mal das kann ich so genau sagen.

Meine ich, nichts zu fühlen, oder fühle ich nichts?

Wenn ich genauer in mich hineinspüre, dann beobachte ich, dass ich mir das Fühlen meiner positiven Seiten häufig nicht zugestehe. Das Fühlen von Wärme, Nähe, Liebe, Freude und Zufriedenheit. Jetzt gerade kann ich fühlen, was mich glücklich macht in diesem Moment, und mein Herz weitet sich.

Das Universum schickte mir an diesem Sonntag Zeichen: strahlende Sonne, obwohl der Wetterdienst keine ansagte. Zuvor habe ich ein warmes, nahes, nährendes Gefühl zu meinem Mann gefühlt und zum ersten Mal in mindestens zehn Jahren hier in Zoutelande habe ich eine Kegelrobbe am Strand gesehen. Was für ein Geschenk! Ein Geschenk, das ich zu schätzen weiß.

Die Kegelrobbe lag im Sand. Das grau-braune Fell wirkte etwas struppig. Wann immer sie den Kopf hob, bildeten sich dicke Pelzfalten am Hals. Sie schien müde zu sein und legte eine bekrallte Pfote vor ihr kegelförmiges Gesicht. Sie ruhte sich aus, sonnte sich und schaute sich um.

Ich fühle mich der Kegelrobbe verbunden. Sie ist mir ähnlich, wie sie träge und schwerfällig am Strand liegt, nämlich genau dann, wenn mich die Schwere des Lebens ereilt und ich die spielerische Leichtigkeit und Freude vergessen habe.

So robbte die Kegelrobbe in mein Leben, um mir ihre Botschaft mitzuteilen:

Verbinde dich wieder mit deiner weiblichen Kraft, der liebenden Kraft, der des Fühlens. Öffne dein Herz für dich. In den Tiefen des Meeres deiner Gefühle, kannst du dein Urvertrauen wieder entdecken. Blicke in meine sanften Augen und finde darin Liebe für dich. Mit Liebe zu dir kannst du deine Wunden heilen. Lebe im Lauf der Gezeiten, lasse dich davontragen, vertraue und heile in deinem Tempo.

Danke für diese Zeichen, die mir so viel geben, die ich fühlen kann, die ich im Chalet ausformuliere und in mein Herz nehmen werde.

Natureintrag 53 - Februar

Der Ruf des Eisvogels

Heute Morgen hatte ich beim Laufen an der Ruhr eine Begegnung der besonderen Art, eine wunderschöne Erfahrung, die, wie ich finde, ein schöner Abschluss ist für meine Natureinträge in diesem Buch.

Während meines Morgenlaufs begegnete ich dem Eisvogel auf eine sehr berührende Art.

Ich traf den Eisvogel, er schenkte mir sein Vertrauen und meditierte mit mir - der Eisvogel, mein Symbol des Glücks, mein Krafttier. Er schenkte mir diese Botschaft, die ich nach dem Laufen aufschrieb.

Liebe Cathrin,

ich will dir eine Quelle der Freude, des Glücksmoments, ein Diamant der Inspiration sein.

Heute Morgen bist du fast an mir vorbeigelaufen. Doch ich kenne dein sicheres Auge und wusste, dass du mich finden würdest. Du hast mich schließlich auf einem Ast entdeckt, wo ich als rundes, flauschiges Federknäuel auf deiner Augenhöhe saß, hinter mir die aufgehende Sonne.

So nahm ich dich mit auf eine kleine Reise entlang der Ruhr. Du bist mir gefolgt. Immer wieder habe ich mir einen neuen Platz gesucht, bis ich den Ast fand, auf dem wir beide in Ruhe miteinander sein konnten.

Ich sah die Freude in deinen funkelnd grünen Augen und schenkte dir mein Vertrauen. Minutenlang schauten wir einander an. Ich habe mich dir in all meiner bunten Schönheit gezeigt, vorne orange leuchtend, seitlich und hinten in verschiedenen Blaunuancen schimmernd. Die Morgensonne ließ mich aufleuchten. Ich blickte tief in deine Seele und spürte deine Ergriffenheit, deine Achtung vor der Natur, fühlte deine Würde und Schönheit. Ich sah das Heilige, das du in mir erkennst.

Cathrin, ich möchte dir wie das Leuchtfeuer eines Leuchtturms ein Lichtschein sein, dass du das Vertrauen in dich und in die Welt finden kannst.

Ich mache es dir vor. Ich tauche ohne Angst, mit meinem Kopf zuerst in unbekannte Gewässer. Dieses Vertrauen meine ich, meine Intuition, gefahrlos einen Fisch zu fangen. Gehe deinen Weg so wie ich, mache einfach, lausche deiner Intuition - deiner Herzensweisheit - und lass dich überraschen. Für Überraschungen bin ich immer gut!

Ich schenke dir meine lebendige Eisvogel-Energie. Sportlich, schnell, elegant und anmutig gleite ich über das Wasser.

Genauso benötige ich im Alltag Ruhe, die Zeit des Rückzugs und der Selbstbesinnung.

Meine Stärken sind Geduld und Ausdauer. So sitze ich gelassen auf einem schönen Ast, unter mir der sanft strömende Fluss. Wenn ich Nahrung zu mir nehmen möchte, warte ich geduldig und konzentriert bis ich einen Fisch entdecke.

Ich mag es, mich klar und deutlich auszudrücken. Das hörst du an meinem kurzen und eindringlichen Pfiff. Ich wünsche mir diese Klarheit für dich.

Cathrin, du bist ans Wasser gezogen, damit wir beide uns finden. Heute warst du bereit, mich nicht nur zu sehen, sondern mich zu erkennen. Von nun an werde ich dich mit meiner Eisvogel-Energie in deinem spirituellen, emotionalen und körperlichen Wachstum begleiten. Ich werde dir ein guter Lehrer und Wegweiser sein. Mit mir kannst du in Neues eintauchen. Ich schenke dir vertrauensvoll die Wärme, Sonne und Liebe, die du für dein Gedeihen brauchst.

Rufe mich, wann immer du meine Hilfe benötigst. Ich bin dein liebevoller Begleiter.

Dein Eisvogel

Danke, Eisvogel!

Diese unglaubliche Begegnung hat mir gezeigt, dass das Leben für mich noch viele Überraschungen bereithält.

Darauf freue ich mich.

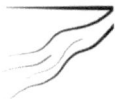

Schlusswort

Ich freue mich, dass du bis hierher gelesen hast und hoffe, du konntest etwas aus diesem Buch für dich mitnehmen.

Hast du Lust, meiner Einladung, selbst einmal in der Natur zu schreiben, zu folgen? Das würde mich freuen.

Indem ich schreibe, befreie und heile ich mich nach und nach, jedes Mal ein Stückchen mehr. Das wünsche ich auch dir. Ich wünsche dir inneres Wachstum.

- Schreiben heißt Finden, was in dir lebt.
- Schreiben ist die Verbindung zu dir selbst, zu deinem Herzen.
- Schreiben ist wie ein Gespräch mit dir selbst. Du kommst dir näher.
- Durch Schreiben lichten wir das Chaos in uns.

Es ist so, als zeige sich ein Platz in uns, als könnten wir uns in uns selbst auf einen bequemen Sessel setzen. Gehen wir von diesem Sessel aus in heilsame Resonanz mit allem, was wir in der Natur entdecken - dem Grün, dem Fließen, dem Blühen, den Tieren - können wir die Entdeckungen durch das Schreiben in der Natur in uns manifestieren.

In der Natur sind wir willkommen. Wir dürfen so sein, wie wir sind. Wir dürfen schreiben, was wir wollen.

Die Natur ist unser Zuhause und wir sind ein Teil davon. Das vergessen wir häufig in unserer schnelllebigen Zeit. Indem wir schreiben, nehmen wir die Natur mit ins Haus. Wir nehmen unser Zuhause mit nach Hause.

Wir kommen aus der Natur und wir gehen wieder in die Natur. Der ewige Kreislauf des Lebens.

Sei es dir wert, das Schreiben in der Natur auszuprobieren.

Sei es dir wert, über dich selbst zu schreiben.

Lerne deine Einzigartigkeit kennen und vertraue dem Leben mit Hilfe der Natur.

Das wünsche ich dir von Herzen.

Dank an

- Meinen Mann Frank, der mich immer unterstützt hat, mich motiviert hat, weiterzumachen, der mein größter Nicht-Kritiker ist, weil ihm meine Texte meistens gefallen, der mir gerade bei allen technischen Fragen uneingeschränkt zur Seite steht.

- Meine Kinder Luca, Fynn und Lynne, die schon die Idee, dass ihre Mutter ein Buch schreibt, toll fanden. Auch das hat mich motiviert.

Es war so schön für mich, während des Schreibens meine Liebe zu euch zu spüren.

- Meine Testleserinnen Franziska und Ulrike. Durch euch durfte ich erfahren, dass mein Buch lesenswert ist. Ich glaube nicht, dass ich mich sonst getraut hätte, aus meinen Texten ein Buch zu gestalten.

- Meine Lektorin und Korrektorin Franziska Hülshoff, die meine zum Teil komplizierten Gedankengänge verstanden hat und mir zahlreiche Möglichkeiten für flüssigere Umformulierungen aufzeigte. Danke, dass du meine Sätze zusätzlich durch Kommata strukturieren konntest.

- Meine Cover-Designerin und Illustratorin Carla Wirths. Danke, dass du den Entstehungsprozess mit mir durchgestanden hast, und auf diesem Weg das schöne Cover und die Symbolzeichnungen dieses Buchs entstehen konnten. Ich freue mich sehr darüber.

- Meine Freundinnen und Freunde, die mich mental unterstützten.

- Meine Blogleserinnen und -leser, die mein Schreiben insgesamt durch ihre freundlichen Kommentare unterstützen.

- Meine Instagram-Kontakte, durch die ich so viel zum Schreibprozess und allem, was zur Entstehung eines Buchs gehört, dazulernen konnte.

- Meinen finalen Korrektor Martin Bommersheim, der sich einfach so angeboten hat, mein Buch noch einmal Korrektur zu lesen.

- Dich liebe Leserin und lieber Leser.

Ohne euch alle gäbe es dieses Buch nicht.

Weiterführende Literatur und Quellen

Cameron, Julia: Der Weg des Künstlers, Knaur Taschenbuch, 2009, S. 15

Heimes, Silke: Warum Schreiben hilft: Die Wirksamkeitsnachweise zur Poesietherapie, Vandenhoeck & Ruprecht, 2012

Lenarz, Jan: Ein guter Plan 2021, Ein guter Verlag, 2020

Neff, Kristin: Selbstmitgefühl, Kailash Verlag, 2012, S. 363

Ritter, Selina: Das Buch der Krafttiere, Bookpress, Nova MD, 2020

Zurhorst, Eva-Maria: Liebe kann alles, Arkana, 2019, S. 14

Eisbergmodell
Quelle: https://de.wikipedia.org/wiki/Eisbergmodell

Green Writing® - Schreiben in der Natur und von Naturerfahrungen - Ein integrativer Ansatz kreativen und biographischen Schreibens, Elisabeth Klempnauer
Quelle: http://schreiben-bewegt.de/xsb2014/wp-content/uploads/2019/01/Greenwriting-1.pdf

Die Autorin in Kürze

Cathrin Baasner, geboren 1964, lebt zusammen mit ihrem Mann in Hattingen an der Ruhr.

Die vielen Stationen ihres Lebensweges - als Mutter von drei erwachsenen Kindern, die Scheidung vom Vater der Kinder sowie die Heirat des jetzigen Ehemanns, die 28jährige Tätigkeit als Grundschullehrerin, ihre psychischen „Herausforderungen" sowie die Frühpensionierung - führten sie zum Schreiben.

Das aktive Schreiben in der Öffentlichkeit begann 2018 mit ihrem persönlichen Blog „cathrins.lebensblog" (www.achtsam-frauueber50sein-cathrin.de). Hier schreibt sie regelmäßig Blogartikel über ihre achtsame Weiterentwicklung und ihren Heilungsweg, SeelenFarbenFetzen (Gedanken, die ihrer Seele entspringen), Lyrisches, Kurzgeschichten und Rezensionen.

Dieses Buch ist ihr erstes Buch.

FSC
www.fsc.org

MIX

Papier | Fördert
gute Waldnutzung

FSC® C083411

Zeitfracht Medien GmbH
Ferdinand-Jühlke-Straße 7
99095 Erfurt, Deutschland
produktsicherheit@kolibri360.de